oekom
verlag

Bibliografische Information Der Deutschen Bibliothek

Die Deutsche Bibliothek verzeichnet diese Publikation in der Deutschen Nationalbibliografie; detaillierte bibliografische Daten sind im Internet über http://dnb.ddb.de abrufbar.

---

oekom verlag, Gesellschaft für ökologische Kommunikation mbH
Waltherstraße 29, 80337 München
Titelbild: H. P. Jansen, Bonn

Druck: Gruner Druck GmbH, Erlangen
Gedruckt auf holzfreiem Papier ohne optische Aufheller

ISBN 3-86581-007-1

Maik Hosang, Stefan Fraenzle, Bernd Markert

Die emotionale Matrix

Grundlagen für gesellschaflichen Wandel und nachhaltige Innovation

Gefühle von Angst, Sexus, Macht, Liebe, Verstehen, Erkenntnis und Sinn finden sich in allen menschlichen Lebensformen. Doch welche Rolle spielen sie für gesellschaftliche Strukturen und deren Veränderungen? Ein interdisziplinäres Forscherteam begründet, inwiefern komplexe Verbindungen dieser gesellschaftlichen Gefühle eine biokulturelle Matrix bilden. Diese emotionale Matrix stabilisiert die vielfältigsten Gesellschaften, ähnlich wie die genetische Matrix aus wenigen Nuklein- und Aminosäuren die mannigfaltigen biologischen Arten stabilisiert. Auf der Grundlage aktueller Forschungsergebnisse zur biokulturellen Natur von Primäremotionen und Basisgefühlen gelingt ein leicht nachvollziehbarer Brückenschlag zwischen Natur-, Sozial- und Geisteswissenschaften. Das ermöglicht neue Einblicke in die Probleme und Chancen von nachhaltigen Innovationen moderner Gesellschaften, und auch dazu, welche Bedeutung den Menschen selbst zukommt bei der Veränderung ihrer Welt.

Inhaltsverzeichnis

EINLEITUNG 9

I. GEFÜHLE UND GESELLSCHAFTEN 19

1. Flexibilität und Stabilität in Natur und Kultur 19

2. Die biokulturelle Matrix 29

3. Emotionen, Gefühle und Existenziale 35

4. Zentrale menschliche Existenziale 47
4.1. Physis 48
4.2. Sexus 49
4.3. Macht...50
4.4. Liebe 53
4.5. Sprache 56
4.6. Erkenntnis...57
4.7. Moralischer Sinn 59

II. GEFÜHLE UND INNOVATIONEN 65

5. Gefühle und Geschichten 65

6. Nachhaltige Innovationen und Subjekte.................................76

7. Zur Matrix zukunftsfähiger Gesellschaften 85

ANHANG 94

8. Differenzen sozial-ökologischer Forschung 94

9. Annäherungen an emotionale Vernunft 105

10. Notwendigkeit, Liebe, Freiheit 114

Danksagung 130

Autoren und Künstler 133

Literatur 135

Wir widmen dieses Buch
Marie, Karl, Lea,
Georg, Liuba, Fedor-Anton
und allen anderen
Kindern dieser Welt.

Erarbeitung und Druck wurden gefördert mit Mitteln des Bundesministeriums für Bildung und Forschung, im Programm Sozial-ökologische Forschung.

Einleitung

Menschen leben, lieben, denken, fühlen und handeln in Gesellschaften. Diese verändern sich. Ursprünglich waren es eher kleine Sippen, später Imperien oder Nationalstaaten. Gegenwärtig bilden sich neue, mehrdimensionale Gesellschaftsformen heraus: einerseits größere, wie die europäische Union oder eine sich erst sehr vorsichtig abzeichnende Weltgesellschaft; andererseits gibt es auch Tendenzen zu kleineren, ökonomisch, ökologisch und sozial integrativeren regionalen und lokalen Strukturen.

Diese gegenwärtigen Wandlungen werden ausgelöst durch neue, Raum- und Zeit leichter überbrückende Kommunikationstechniken und durch sichtbarer werdende ökologische Begrenzungen. Das sind jedoch nur die auslösenden Faktoren. Sie geben keine Antwort darauf, wie sich die gesellschaftlichen Lebensformen der Menschen in sich selbst wandeln. Wie entstehen und wie vollziehen sich soziale Innovationen, die andere wirtschaftliche und ökologische Strukturen ermöglichen? Und welche Rolle spielen dabei die für das alltägliche Handeln und das Lebensglück der Menschen entscheidenden Beziehungen, Emotionen und Gefühle? Sind sie nur private Nebenprodukte gesellschaftlicher Prozesse oder deren prägende Grundlagen?

Dass unbewusste Verhaltensantriebe menschliches Handeln in starkem Maße beeinflussen, wird seit Sigmund Freud allmählich bewusst. Doch wie bedeutsam Emotionen für alle Bereiche menschlichen Lebens sind, wird erst in den letzten Jahren zunehmend aufgedeckt: Verhaltensforscher zeigen immer konkreter, wie sehr alles menschliche Denken und Tun von Emotionen und Gefühlen gesteuert wird (z.B. Golemann: Emotionale Intelligenz; Damasio: Ich fühle, also bin ich). Neurobiologen und Mediziner erkennen die entscheidende Bedeutung von Emotionen für Gesund- oder Krankheit (Servan-Schreiber 2005), und Wirtschaftsforscher deren zentrale Rolle für Konsumentscheidungen (Kroeber-Riel 1992; Häusel 2003).

Da Gefühle als etwas sehr persönliches, fast Intimes erlebt werden, übersieht man jedoch oft, dass sie nicht nur persönlicher, sondern ebenso gesellschaftlicher Natur sind. Sie sind dies in zweierlei Hinsicht: Zum einen ist ein Großteil der für menschliches Leben zentralen Emotionen – ob Neid oder Anteilnahme, ob Macht, Anerkennung oder Liebe u.a. – bereits von Natur aus, d.h. in seiner biologischen Anlage sozial bzw. interaktiv wirksam. Zum anderen werden die konkreten, für die jeweilige Gesellschaft typischen Wirkungen und Erlebnisgehalte der Emotionen vor allem in den ersten Lebensjahren durch die in der jeweiligen Kultur typischen Muster geprägt und kodiert.

Aus den bisherigen Andeutungen ergibt sich der Sinn des Buches: Es integriert Erkenntnisse verschiedenster Wissenschaftszweige, um besser zu verstehen, welche Rolle Emotionen und Gefühle für gesellschaftliches Leben spielen. Es deckt auf, inwiefern gesellschaftliche Gefühle der „missing link", die bisher kaum erkannte mittlere Welt zwischen Natur und Kultur sind. Und es zeigt, dass auch gesellschaftliche Wandlungen, sozial-ökologische Innovationen und Transformationen sich vor allem in dieser Mitte zwischen Natur und Kultur abspielen: in den gesellschaftlichen Kodierungen und Differenzierungen der primären Emotionen, in der biokulturellen Matrix der gesellschaftlichen Gefühle.

Traf und trifft dies für alle gesellschaftlichen Wandlungen zu, so insbesondere für den vor uns stehenden Wandel zu einer sowohl globalen als auch regionalen, sowohl kommunikativen als auch ökologischen Wirtschaft und Gesellschaft. Es gibt Hinweise darauf, dass dieser Wandel neben all seinen auslösenden Faktoren auch eine geschichtlich neue Qualität von menschlicher Mitwirkung bedarf. Um vielfältige, friedliche, menschlich freie und reiche, dennoch in ihrem ökologischen Ressourcenverbrauch insgesamt maßhaltende Gesellschaften zu entwickeln, braucht es mehr denn je visionäre und zugleich möglichst alle Dimensionen – Wirtschaft, Politik, Umwelt und auch menschliche Psyche – berücksichtigende soziale Innovationen.

Wir stehen am Beginn einer „Epochenwende“ (Miegel 2005), deren Größenordnung und Komplexität von Chancen und Gefährdungen bisherige historische Situationen und Transformationen übersteigt. Die in dieser gegenwärtigen Situation lebenden Menschen spüren dies. Ob sie darauf mit verstärkter und problemverstärkender Angst, Verzweiflung und Konkurrenz oder mit horizonterweiternder Liebe und Kreativität reagieren, hängt weniger von den äußeren Umständen als vom inneren Selbstverständnis dieser Menschen ab.

Der österreichische Ökonom Joseph Schumpeter wies darauf hin, dass Innovationen mit vielen Risiken verbunden sind und daher dabei den Kompetenzen und Motivationen (d.h. auch den Emotionen) der Akteure zentrale Bedeutung zukommt. Für sozialökologische Innovationen, die sich nur als Zusammenspiel von technischen, institutionellen und emotionalen Veränderungen denken und realisieren lassen, dürfte dies um so mehr zutreffen. Deshalb wird die Erforschung und Förderung der Kompetenzen, Motivationen und Emotionen in gewisser Weise selbst zum Kernproblem nachhaltiger Innovationen.

Um Missverständnissen vorzubeugen, sei ein im gesamten Buch unter verschiedenen Gesichtspunkten konkretisierter Gedanke hier vorweggenommen: Gesellschaftliche Gefühle sind Gesellschaften stabilisierende und verändernde Kräfte und Motive, die sich zwar immer nur durch menschliche Individuen realisieren, deren konkrete Formen und Wirkungen jedoch weder aus individuellen Trieben stammen noch primär den Individuen dienen. Vielmehr entstehen sie aus dem Zusammenspiel von Primäremotionen und Basisgefühlen mit der jeweiligen Gesellschaft bzw. Kultur und bilden so etwas wie deren „Geist".

Diesen in der sozialphilosophischen Theoriegeschichte lange Zeit gebräuchlichen, für die neuere Wissenschaft jedoch eher unüblichen Begriff des „Geistes" reaktivieren wir hier, weil er wie kein anderer eine wesentliche Komponente gesellschaftlicher Organisation und Veränderung ausdrückt: Aufgrund ihrer psychophysischen bzw. neurobiologischen Verankerung in zahlreichen menschlichen Individuen konstituieren Gefühle in allen Gesellschaften entscheidende Verhaltenskräfte. Mit den menschlichen Sinnesorganen, die evolutionär zur Wahrnehmung äußerlich-gegenständlicher Sachverhalte ausgebildet wurden, sind sie jedoch nicht wahrnehmbar. D.h. sie sind „unsichtbar" und doch sehr wirksam. Aus diesem allgemeinen Geist der gesellschaftlichen Gefühle entsteht gelegentlich „Begeisterung", eine gesellschaftliche Kraft, die Welten verändern kann und ohne welche sich kaum etwas wirklich verändert.

Eine lebenswerte bzw. nachhaltige Zukunft hängt entscheidend davon ab, ob neue, begeisternde, gesellschaftliche Gefühle dafür entstehen, dass und wie es sich in einer solchen Welt relativ sicher, geborgen und zugleich spannend und sinnvoll leben lässt. Dabei geht es nicht nur um Gefühle dafür, genug zu essen und ein warmes Zuhause zu haben, sondern mindestens ebenso sehr um Gefühle dazu, anerkannt, verstanden bzw. geliebt zu werden und lieben, d.h. auch etwas Sinnvolles im Leben tun zu können.

Einige Sozialwissenschaftler werden einwenden, dass das Predigen neuer Gefühle oder Werte wenig hilft und es vor allem institutioneller Wandlungen der Wirtschafts-, Staats- und Rechtsformen braucht.

Dem Einwand ist teilweise zuzustimmen: die Etablierung und Stabilisierung nachhaltiger Gesellschaften braucht entsprechende Institutionen. Die Frage ist jedoch, wie diese institutionellen

Wandlungen vorbereitet und realisiert werden können, bzw. warum die bereits in vieler Hinsicht sehr detaillierten Konzepte ökologischer Staats-, Wirtschafts- und Rechtsformen (z.B. Bosselmann 1992; Gege 2004) bisher nur ungenügend verwirklicht werden. Das bloße Predigen neuer Werte hilft da wenig, diesem Einwand ist zuzustimmen; aber das ist auch nicht Ziel dieser Untersuchung.

Der Einwand übersieht, dass gesellschaftliche bzw. geteilte moralische Gefühle die fundamentalste Matrix gesellschaftlicher Stabilität wie auch gesellschaftlicher Veränderung bilden. Bereits Talcott Parsons, einer der großen Vordenker moderner Soziologie, formulierte die Vermutung, dass Gefühle zentrale Austauschmedien in gesellschaftlichen Systemen sind und in ihrer Bedeutung für die Organisation von Handlungen in modernen Gesellschaften an die Stelle der traditionellen sozialen Schichtung getreten sind. Dennoch gibt es bisher keine nennenswerte Theorie dieser gesellschaftlich wirksamen Gefühle (Baecker 2004: 5ff.).

Die in diesem Buch verfolgte Frage verneint also nicht die Bedeutung institutioneller Wandlungen, zielt jedoch primär darauf, wie menschliche Innovations- und Veränderungskräfte dafür überhaupt zustande kommen. Ob die Befreiungswirkungen der großen religiösen Bewegungen oder die sozialen Institutionen der Verfassungsrechte, der Gewaltenteilung und der gesellschaftlichen Solidarität – fast alle kleinen oder großen oder sogar weltverändernden institutionellen Innovationen konnten sich letztlich nur aufgrund wirksamerer gesellschaftlicher Gefühle gegen die Trägheitswiderstände von etablierten Gewohnheiten und Interessen entwickeln und durchsetzen.

Wir gehen daher davon aus, dass eine nachhaltige Zukunft in all ihrer lokalen und regionalen kulturellen Vielfalt vor allem dort entsteht, wo neuartige, neu begeisternde gesellschaftliche Gefühle die erforderlichen neuen Institutionen und Techniken gegen die trägeren emotionalen Interessen des Status quo durchsetzen können. Dass diese bisher wenig erforschten „weichen" Innovationskräfte entscheidend sein könnten, ist nicht nur unsere Vermutung. Donella und Dennis Meadows, die vor 30 Jahren mit den inzwischen durch die Wirklichkeit bestätigten Prognosen über die Grenzen des Wachstums an die Öffentlichkeit traten, kommen zu ähnlichen Schlussfolgerungen. Da ihre Worte eine schöne Einführung in die Thematik dieses Buches darstellen, zitieren wir sie hier etwas ausführlicher:

„In unserer Suche nach Wegen zur Ermutigung friedlicher Veränderungen eines Systems, das sich seiner eigenen Transformation ganz natürlich widersetzt, haben wir viele Mittel ausprobiert. Die offensichtlichsten haben wir ausgeführt – rationale Analyse, Daten-Sammlung, Systemdenken, Computermodellierung und klare Worte. Dies sind die Mittel, die alle, der in Wissenschaft und Ökonomik ausgebildet sind, automatisch begreifen. Sie sind nützlich, notwendig, aber nicht ausreichend.

Wir wissen nicht, was ausreichend sein wird. Aber unsere Schlussfolgerung kommt zu anderen Mitteln, die unserer Erfahrung nach nicht optional, sondern essentiell sind für jede Gesellschaft, die langfristig zu überleben hofft. Diese werden oft als zu ‚unwissenschaftlich' betrachtet und daher in der zynischen öffentlichen Arena nicht ernst genommen ... . Es sind: Visionsbildung und Vernetzung, Wahrheitserzählung, Lernen und Lieben.

In der industriellen Kultur ist es nicht erlaubt, über Liebe zu sprechen, außer im romantischen und trivialen Sinn. Jeder, der über die Kapazität der Menschen spricht, praktische Bruder- und Schwesterliebe zu praktizieren, Liebe der Menschheit als Ganzes und unseres Planeten, wird eher verspottet als Ernst genommen ... .

Individualismus und kurzsichtige Interessen sind die größten Probleme der gegenwärtigen Gesellschaften, und die tiefste Ursache ihrer Nichtnachhaltigkeit. Liebe und Mitgefühl, in sozialen Formen institutionalisiert, sind die bessere Lösung. Eine Kultur, die an diese besseren menschlichen Qualitäten nicht glaubt, diese nicht diskutiert und entwickelt, leidet an einer tragischen Begrenzung ihrer Möglichkeiten ... .

Die nachhaltigen Transformationen werden vor allem solche sein, welche die besten Seiten der menschlichen Natur, eher als die schlechtesten, ausdrücken und hegen ... .

Die Menschheit kann bei ihrem Abenteuer der Verringerung des menschlichen Fußabdrucks auf ein nachhaltiges Niveau nicht erfolgreich sein ohne einen Geist globaler Partnerschaft. Der Kollaps kann nicht vermieden werden, wenn die Menschen nicht lernen sich selbst und die anderen als Teil einer integrierten globalen Gesellschaft zu sehen. Beides erfordert Mitgefühl, nicht nur mit dem Hier und Jetzt, sondern auch mit den Fernen und Zukünftigen. Die Menschheit muss lernen, die Idee eines lebendigen Planeten für zukünftige Generationen zu lieben." (Meadows et al. 2004: 269ff.; hier übersetzt durch M.Hosang).

Im Rahmen eines Forschungsprojektes zum Vergleich konträrer sozial-ökologischer Denkansätze ergaben sich Erkenntnisse, um genau diese für die bisherige Wissenschaft ungewöhnlichen weichen Faktoren und Begriffe auch theoretisch zu verstehen. Wir halten es für wichtig, dies allgemeinverständlich und doch wissenschaftlich begründet zu entwickeln. Denn kritisch diskutierbare rationale Begriffe und Argumente sind eine geistige Basis der modernen Welt, mittels der sie sich aus den oft irrationalen und so ideologisch verführbaren geistigen Formen des Mittelalters heraus arbeitete. Obwohl es hier letztlich um Gefühle geht, reicht es nicht aus, diese einfach zu leben oder zu beschwören, sondern ihre Grundlagen, Kodierungen und Veränderungsmöglichkeiten sind rational kritisier- und nachvollziehbar darzulegen. Nur so entsteht die Chance zu einer neuartigen, weder nur emotional-mystischen noch nur rational-mentalen, sondern sowohl kritisch rationalen als auch gefühlvoll-begeisternden Wissenschaft und Kultur.

Der Untertitel des Buches, „Grundlagen für nachhaltige Innovationen“, betont, dass die für solche Innovationen arbeitenden Subjekte sich vor einer Reflexionen ihrer eigenen emotionalen Grundlagen nicht scheuen dürfen. Nachhaltige Innovationen moderner Gesellschaften sind daher aller Voraussicht nach verbunden mit Schritten in jener Richtung, die Visionäre als „Fortschritte im Bewusstsein der Freiheit“ (Hegel) oder als „freie Entfaltung menschlicher Wesenskräfte“ (Marx) bezeichneten. Näher zu diesen Gedanken siehe das letzte Textkapitel und den Anhang.

Der hier entwickelte Theorieansatz schlägt neue Brücken zwischen den bisher eher getrennten Bereichen von Natur-, Sozial- und Geisteswissenschaften. Er hat nicht den Impetus einer alles erklärenden Theorie, sondern eher die Intention einer offenen, vielfältige Denk- und Handlungsansätze tabufrei befördernden Heuristik.

Daraus ergibt sich ein Bezug zu jener Art von „Kritischer Theorie“, wie sie von Max Horkheimer und Freunden Anfang des 20. Jahrhunderts konzipiert wurde: Die für wissenschaftliche Reflexion erforderliche Neutralität und Distanziertheit vom Forschungsgegenstand kann und muss im Bereich gesellschaftlicher Forschung eine gewisse menschlich-visionäre Selbstkritik integrieren: Wissenschaft, um wieviel Neutralität sie sich auch bemüht, agiert im geistig-emotionalen Raum einer konkreten Gesellschaft und dient daher mehr oder weniger unbewusst immer auch der Legitimation bestehender Machtstrukturen. Daher ist es für wirkliche Neutralität von Forschung geradezu zwingend, die dahinter stehenden Motivationen, Emotionen und Gefühle mit zu reflektieren. Diese sind dahingehend zu hinterfragen, inwieweit sie der möglicherweise ethisch nicht mehr vertretbaren Stabilisierung bestehender, oder aber wirklich der Innovation nachhaltigerer und menschlich freierer Wissensformen und Praxen dienen.

Dies erkannte bereits der mit seinem Begriff der „Wertfreiheit“ oft missverstandene Max Weber. Er sah, dass jede Kultur, damit auch deren Wissenschaft und Wirtschaft, auf grundlegenden Werthaltungen und Sinngefühlen beruhen. Diese bestimmen den menschlichen Alltag, aber auch die Wissenschaften, weisen sogar der rein empirisch-wissenschaftlichen Arbeit ihre Richtung. Daher gehöre es zur vornehmsten Aufgabe eines Wissenschaftlers, sich Rechenschaft zu geben über die verborgenen Motive seines Tuns. Nur ein Forscher, der sich der aus eigener Kultur stammenden Werturteile enthält, kann damit Distanz gewinnen und andere Kultursysteme von deren inneren Voraussetzungen her verstehen.

Diese Bewertungsabstinenz beim Versuch, andere Sinnorientierungen zu verstehen, bedeute aber nicht, von deren Wertideen völlig unbeeinflusst zu bleiben. Diese können den eigenen geistigen Horizont erweitern und unsere Psyche „wertempfindlicher" machen. Erst die vorurteilslose Wahrnehmung macht freie Wertdiskussionen möglich.

Da Weber bereits erkannte, dass Wertideen weniger mental sind, sondern aus der Tiefe des Gefühls kommen, hatte er seinerzeit allerdings wenig Hoffnung für eine rationale Verständigung darüber (Weber 1988: 150ff.).

Um das Buch trotz der komplexen Thematik möglichst spannend und einfach lesbar zu machen, ist der vorwiegend für entsprechende Wissenschaftler interessante Vergleich sozial-ökologischer Denk- und Forschungsansätze, deren Kontroversen wir die weiterführenden Erkenntnisimpulse verdanken, in den Anhang gestellt. Ebenso dort finden sich noch zwei andere, im engeren Sinne theoretische Diskurse, welche für zukunftsfähige Perspektiven nicht unwichtig sind: zum Problem von Freiheit, Liebe und Notwendigkeit, und zu einer sowohl „existenzialistischen" als auch „strukturalistischen", d.h. kritische Rationalität und Gefühl integrierenden Wissenschaft. Dieser zuletzt genannte Abschnitt ermöglicht auch ein gewisses Verständnis dafür, warum dieses Buch in einem vielleicht ungewohnten Stil geschrieben und strukturiert ist: in einem Stil, der einerseits eine hoch komplexe, interdisziplinäre und rationale Theorie entwickelt, und diese andererseits zu menschlichen Sehnsüchten und gefühlvollen Ahnungen in Beziehung setzt.

Der an die Einleitung anschließende Hauptteil beginnt mit den vermutlich für viele Akteure interessanten neuen Erkenntnissen dazu, warum gesellschaftliche Emotionen und Gefühle die Entwicklung von Kulturen, Wirtschaften und Gesellschaft maßgeblich beeinflussen, und wie sie sich, im Spannungsverhältnis von Natur und Kultur, auch selbst organisieren und verändern. Darauf folgen einige Schlussfolgerungen für Innovationen in allen Bereichen des gesellschaftlichen Lebens und Wirtschaftens.

Die Theorie bzw. Heuristik der emotionalen Matrix von Gesellschaften wird in diesem Buch nur in einigen zentralen Hypothesen entwickelt. Angesichts der Komplexität der damit reflektierten gesellschaftlichen Wirklichkeiten lassen sich diesbezügliche Forschungen und Erkenntnisse vielfach erweitern und konkretisieren. Dazu fehlte uns die dazu nötige Forschungskapazität. Die Ausführungen beschränken sich auf jene zentralen Aspekte, deren Evidenz uns sicher scheint. Diese Gewissheit ergab sich vor allem aus der Stimmigkeit, mit der sich Ergebnisse aus völlig verschiedenen Wissenschaftsgebieten zueinander fügten. Das in diesem schlanken Theorieentwurf schlummernde Erkenntnis- und Praxispotenzial sollte jedoch nicht dabei stehen bleiben, sondern bedarf weiterer Entfaltung und kritischer Konkretion. Wir hoffen, mit diesem Buch einige Impulse einzubringen: für eine erweiterte, interdisziplinärere und menschlich freiere Wissenschaft, und für die Diskussionen zur zukunftsfähigen Entwicklung menschlicher Gesellschaften.

I. Gefühle und Gesellschaften

1. Flexibilität und Stabilität in Natur und Kultur

Was bewegt mich, etwas zu tun und etwas anderes zu lassen?

Es bin nicht ich selbst mit meinen angeborenen natürlichen Triebregungen. Es ist im Normalfall auch kein nur äußerlicher Zwang durch mir völlig fremde Strukturen und Institutionen. Es sind meine in einer bestimmten Gesellschaft und Kultur aufgewachsenen Emotionen, Ängste, Liebes-, Wissens- und Sinngefühle: diese lassen mich aus Gewohnheit oder aus Begeisterung handeln, oder auch mein Handeln verweigern.

Auch wenn diese starke Bedeutung von Gefühlen für menschliches Leben und Handeln jedem selbstwahrnehmenden Individuum intuitiv gewiss ist, so ist sie deshalb noch lange nicht erkannt. Im Gegenteil, da Fühlen im Gegensatz zum Denken oft eher mit Weiblichkeit assoziiert wird, wird es in vorwiegend patriarchal geprägten Kulturen vernachlässigt. Eines der einflussreichsten Werke der menschlichen Erkenntnisgeschichte, die „Ethik" des Baruch Spinoza, hatte bereits im 17. Jahrhundert die zentrale Bedeutung von Affekten und Gefühlen für gesellschaftliche Entwicklungen aufgedeckt und auch eine erste moderne Systematik dafür entwickelt. Nachfolgende Philosophen beriefen sich zwar in vieler Hinsicht auf Spinoza, verdrängten dabei jedoch den Inhalt, d.h. die Erkenntnis der Gefühle, zugunsten der Form, d.h. einer möglichst rationalen Systematik von Natur, Gesellschaft und Geist.

Eine gewisse theoretische Neubesinnung auf Emotionen und Gefühle vollführten die Begründer der modernen Wissenschaft von der Gesellschaft. Die Erkenntnis, dass geteilte moralische bzw. gesellschaftliche Gefühle die wesentlichen Integrationskräfte menschlichen Handelns in gesellschaftlichen Zusammenhängen sind, findet sich bei fast allen maßgeblichen Vordenkern der Soziologie, so bei Emile Durkheim, Georg Simmel, Sigmund Freud und Max Weber. Eine gute Übersicht dazu siehe bei Helena Flam (2002), ihr verdanken wir einige der hier verwendeten Hinweise dazu.

Emile Durkheim, dessen Theorieimpulse auch in vielen heutigen Sozialtheorien noch eine Rolle spielen, identifizierte bereits einige für gesellschaftliche Entwicklungen zentralen Gefühle. Der bei ihm für die Entwicklung von gesellschaftlicher Arbeitsteilung zentrale Begriff von Solidarität setzt Gefühlskräfte, ja eine Art Liebe aller beteiligten Menschen voraus: Solidarität heißt, dass sich die Menschen lieben, und „aneinander und an ein und derselben Gesellschaft hängen, an der sie teilhaben“ (Durkheim 1999:173). Seine erstaunliche These ist, dass die Arbeitsteilung nur eine „wahre“ Funktion hat, nämlich ein Solidaritätsgefühl zu erzeugen: „Ihre wahre Funktion besteht darin, zwischen zwei oder mehreren Personen ein Gefühl der Solidarität herzustellen ...“ (Durkheim 1999:102).

Gesellschaftliches bzw. kollektives Bewusstsein als zentrale identitätsbildende Kraft aller größeren oder kleineren sozialen Einheiten ist für ihn letztlich ein emotional-moralisches Phänomen: „Die Gesamtheit der gemeinsamen religiösen Überzeugungen und Gefühle im Durchschnitt der Mitglieder einer bestimmten Gesellschaft bildet ein umgrenztes System, das sein eigenes Leben hat; man könnte sie das gemeinsame oder Kollektivbewusstsein nennen.“ (Durkheim 1999:128).

Für unser Thema noch weitergehend interessante Einsichten lieferte Max Weber. Er erforschte, warum der moderne Kapitalismus sich anfangs nur in Europa durchsetzen konnte, obwohl die technischen Fähigkeiten und Voraussetzungen auch in anderen

Ländern und früheren Zeiten gegeben waren (Weber 1996). Er kommt zur Schlussfolgerung, dass sich dieser Siegeszug des modernen Kapitalismus einem besonderen a-emotionalen Geist, dem Geist der insbesondere von Calvin eingeführten protestantischen Ethik, verdankt. Erstmals in der Geschichte der Menschheit gelang es, das gesamte menschliche Leben, Denken und Tun der Arbeit, also einem rationalen, von den unmittelbaren, momentanen Lebensgefühlen abgespaltenen Zweck unterzuordnen. Das Spannende daran ist, dass diese Arbeitsethik dadurch wirkt, dass momentane Emotionen und Gefühle kontrollier- und verdrängbar gemacht werden, aber auch diese emotionale Kontrolle erst durch die Kraft besonders sublimierter Gefühle, der mit den Emotionen der Angst gepaarten Gefühle des Glaubens bzw. Lebenssinns gelingt.

„Die Selbstkontrolle der inneren Affekte und Bedürfnisse ist das notwendige Komplement zu einer rationalen Weltkonstruktion nach außen ... . Der asketische Protestantismus bedeutet in dieser Form eine Neukodierung von Emotionen: Affektive Sinnorientierungen werden als triebhaft-sündhaft interpretiert und müssen zugunsten einer zweckrationalen Weltschaffung unterdrückt und sublimiert werden. Ein so konstruiertes Weltbild lässt sich als Überwindungsformel einer durch die Prädestinationslehre aufgebauten Angst vor der Ungewissheit der eigenen Bestimmung interpretieren. Erst durch eine solche Kodierung der Emotionen wird der Weg zur Ausbildung der Moderne geebnet.“ (Gerhards 1988:31)

Dieser von Jürgen Gerhards in Weiterführung der Weberschen Untersuchungen gefundene Begriff einer kulturellen „Kodierung von Emotionen“ als entscheidende Kraft bei der Innovation von Wirtschaft und Gesellschaft ist für uns wichtig und wird später wieder aufgenommen.

Leider stellt diese Art an Durkheim und Weber anschließender soziologischer Forschung bisher die Ausnahme dar. Warum dies so ist, erklärt sich aus dieser ursprünglichen Theorie selbst: Die calvinistische Arbeitsethik startete ihren Siegeszug um die Welt durch eine Unterdrückung und Sublimierung der Emotionen. Die moderne Wissenschaft entstand genau in diesem Geist und verharrt daher noch immer genau in dieser Unterdrückung bzw. Sublimierung ihrer eigentlichen Tiefenkräfte. Obwohl die rationalen Fakten, dass die moderne Arbeits- und Industriekultur ihre eigenen Ressourcengrundlagen und damit sich selbst zu zerstören droht, kaum noch deutlicher werden können, gelingt es der Sozialwissenschaft bisher kaum, die zu einer nachhaltigen Innovation vermutlich notwendige Neukodierung der verdrängt-kodierten Gefühls- und Solidaritätskräfte anzuregen.

Statt dessen sucht man die Ursachen gesellschaftlichen Handelns weiterhin in Systemwelten, Kommunikationen, Institutionen, globaler Ökonomie oder „rational choice" der Individuen. Auch wenn sich viele Momente von Wirtschaft und Gesellschaft durch diese Begriffe beschreiben lassen, so bleiben dabei die entscheidende Fragen ungelöst. Zum Beispiel die Fragen, wie und warum sich gesellschaftliche Systeme von innen heraus wandeln und warum dies immer auch stark mit menschlichen Sehnsüchten, Ängsten, Visionen und anderen Gefühlen, wie z.B. mit Liebe (Hondrich 2004: 7) zu tun hat.

Bevor wir diesem bisher kaum verstehbaren Zusammenspiel von menschlichen Visionen und Leidenschaften mit gesellschaftlichen Institutionen und Entwicklungen durch einen Analogievergleich mit der Entwicklung der Biologie konkreter nachgehen, bereiten wir dies mit Hinweisen auf ähnliche Lösungsansätze vor.

Karl R. Popper entwickelte eine Theorie dreier Welten (Popper/Eccles 1982: 61ff.), die für unser Problem interessante Hinweise enthält. Er begriff die Welt 1 als Welt der physischen Gegenstände und Zustände, die Welt 2 als Welt der psychischen Zustände einschließlich der Bewusstseinszustände, und die Welt 3 als Welt des „Wissens im objektiven Sinn“, des in materiellen Substraten symbolisierten kulturellen Erbes. Er wies darauf hin, dass nicht alle drei Welten direkt miteinander wechselwirken, sondern Welt 3 nur mit Welt 2 und auch Welt 1 nur mit Welt 2, so dass Welt 3 und Welt 1 nur indirekt über Welt 2 vermittelt aufeinander einwirken können. Das Poppersche Drei-Welten-Konzept bestätigt sich durch Erkenntnisse anderer fachübergreifend integrativer Wissenschaften. Insbesondere Ergebnisse der neueren Evolutions-, Selbstorganisations- und Komplexitätsforschung (z.B. Jantsch 1992; Waldrop 1993; Steiner 2003) untersetzen diese trichotomische Sicht der gesellschaftlicher Wirklichkeit:

In der Vielfalt natürlicher und kultureller Existenzweisen lassen sich verschiedene Evolutionsschichten hervorheben. Diese bildeten sich im Verlauf der Evolution nacheinander heraus und unterscheiden sich auf den ersten Blick durch ihre Komplexität, d.h. durch die Vielfalt und Verschiedenheit der in die jeweiligen Existenzweisen integrierten Strukturen. Die Schichten unterscheiden sich außerdem durch die jeweils führenden Modi ihrer Selbstorganisation und Selbstreferenz, d.h. durch diejenigen Koordinationsstrukturen, die in der Lage sind, das selbsterhaltende Zusammenspiel aller beteiligten Moleküle oder Organe oder Individuen insgesamt zu gewährleisten.

Diese Schichtung weist feinere und stärkere Stufen aus. Dem einfachsten Blick zeigen sich zumindest drei fundamentale Evolutionsschichten: 1. die Existenzweisen der physikalisch-chemischen Materie, 2. die des biologischen Lebens und 3. die der menschlichen Gesellschaft. Die Selbstreferenz der Materie vollzieht sich durch die elementaren Wechselwirkungen von starker und schwacher Kernkraft, Gravitation und elektromagnetischen Feldern. Die Selbstreferenz des Lebens organisiert sich durch biokatalythische

Wechselwirkungen, deren entwickelteste Formen sind die mit den zentralen Drüsen- und Nervensystemen höherer Säugetiere verbundenen neurohormonellen Komplexe, die uns als Instinkte bzw. Emotionen erscheinen. Die Selbstreferenz von Gesellschaften vollzieht sich durch kommunikative Komplexe, die an Symbole und Medien gebunden sind. Diese drei fundamentalen Schichten lassen sich noch weiter differenzieren; z.B. die atomaren, molekularen und planetaren Schichten der Materie; die zellularen, organismischen und sozialen Schichten des Lebens; oder die familiären, lokalen, regionalen und globalen Schichten der Kultur. Doch für unsere Zwecke bleiben wir vorerst bei der fundamentalen Dreischichtung der Wirklichkeit.

Die erste dieser Evolutionsschichten entspricht Poppers Welt 1 und wird hier im Folgenden sehr vereinfacht als „Materielle Natur“ bezeichnet. Seine Welt 2 entspricht der biologischen bzw. neurohormonellen Evolutionsschicht und wird hier vereinfacht als „Vital-emotionale Natur“ bezeichnet. Poppers Welt 3 entspricht der kommunikativ-symbolisch organisierten gesellschaftlichen Evolutionsschicht und wird hier vereinfacht als „gesellschaftliche Kultur“ gefasst.

Neben der Unterscheidung dieser Schichten ist es für unseren Zweck außerdem wichtig, ihr Zusammenspiel näher zu verstehen: Jeweils bestimmte Strukturen der evolutionär früheren und weniger komplexen Schichten bilden die fundierende, im physikalischen Sinne tatsächlich stabilere und energetisch-physisch „festere“ Basis der evolutionär späteren. Diese evolutionär späteren Selbstorganisations- und Selbstreferenzschichten sind materiell-energetisch „weicher“ und flexibler, dadurch jedoch zu vielfältiger Gestaltung und komplexerer Informationsverarbeitung fähig. So können sie die festeren, basaleren und trägeren Strukturen für ihre komplexeren Zwecke überformen, integrieren und funktionalisieren.

Diese Überformung bzw. Funktionalisierung durch komplexere, weichere oder „höhere“ Schichten kann und darf die eigengesetzlichen Strukturen der weniger komplexeren Schichten jedoch nicht zerstören. Denn damit entfiele das ihnen zugrunde liegende Fundament, d.h. sie würden sich damit auch selbst zerstören. Daraus folgen zwei wichtige Erkenntnisse:

Zum einen untersetzt es die Poppersche These, dass Welt 3 und Welt 1 nicht unmittelbar, sondern nur vermittelt durch die Eigengesetzlichkeit von Welt 2 miteinander wechselwirken können. Denn Welt 3, die Kultur, bildete sich evolutionär nur indirekter auf Basis der materiellen Natur, und viel direkter auf Basis der vital-emotionalen Natur.

Zum anderen verweist es auf Rückwirkungen der weniger komplexen auf die komplexeren Strukturen, die sich trotz aller vorwiegend umgekehrten Funktionalisierung ereignen. Die festere Struktur der weniger komplexen Schichten ist nicht nur Trägheitshindernis und Material für die komplexeren Selbstorganisationen, sondern auch deren Stabilisator. Jeweils ganz spezifische Trägheitswirkungen von „festeren“, weniger komplexen Weltschichten werden als Stabilitätsgaranten der komplexeren und beweglicheren Welt unmittelbar mit deren Strukturen vernetzt und integriert.

Am Beispiel des biologischen Lebens lässt sich dies gut nachvollziehen: Lebende Organismen existieren in physikalischen und biologischen Umwelten. Um darin als komplexer Organismus erfolgreich zu überleben, müssen zwei zueinander gegensätzliche Existenzbedingungen erfüllt werden: Stabilität und Flexibilität. Die notwendige Flexibilität, um die permanent verändernden Einflüsse von Klima, Flora und Fauna für die komplexere Selbstorganisation der Systemstrukturen integrieren, ist Qualitätsmerkmal der systembestimmenden Selbstreferenz, also hier der neurohormonell-emotional-instinktiven Wechselwirkungen. Wäre der Organismus jedoch nur umweltflexibel, d.h. sich permanent der Umwelt anpassend, würde er sich darin auflösen. Jeder biologische Organismus braucht einen die Flexibilität einschränkenden, auch im Wandel auf bestimmten Grundstrukturen beharrenden Gegenpol. Dieser wird durch die Integration spezifischer chemischer Strukturen gewährleistet, durch die relativ stabilen Wechselwirkungen von spezifischen Nuklein- und Aminosäuren.

Die Biologie, welche sich lange Zeit nur mit Phänotypen und später – seit Darwin, Lamarck und Häckel – auch mit der Wechselwirkung von Phänotypen und Umwelt beschäftigte, gelangte daher erst dann zum wirklichen Verständnis der Arten, als sie eine dritte Dimension der Wechselwirkung erkannte: den Genotyp. Zwei Aspekte davon sind für unser Erkenntniszweck besonders bedeutsam und werden deshalb hier noch einmal wiederholt:

1. Der Zusammenhang der unendlichen Vielfalt von Phänotypen mit einigen wenigen chemischen Verbindungen des „Urgens“, aus denen die gesamte Vielfalt des Lebens hervorging (Eigen, 1987): Die chemischen Wirkungen spezifischer Basen und Nukleinsäuren bilden den genetischen Code; den je nach Art und Individuum besonderen, doch in seiner chemischen Grundstruktur allen biologischen Lebensformen gemeinsamen Genotyp.

2. Die durch den Genotyp gesicherte Stabilität der biologischen Arten. Die Umwelt aller Arten ist wechselhaft, daher sind die Phänotypen einem permanenten Anpassungs- und Veränderungsdruck ausgesetzt. Gäbe es eine unmittelbare Wechselwirkung und damit Abhängigkeit zwischen den Strukturen des Phänotyps und der wechselhaften Umwelt, wäre der Phänotyp und damit die biologische Art selbst in permanenter Veränderung und damit quasi nicht existent. Erst die „festere“

chemische Struktur des Genotyps, dessen in relativ stabilen chemischen Verbindungen von spezifischen Nukleotiden und Aminosäuren eigengesetzlich verankerte organismische Grundinformation bewirkt, dass auch der Phänotyp und damit die Art als Ganzes relativ stabil existieren. Sie reagieren zwar mehr oder weniger flexibel auf viele Umweltschwankungen, doch die zentralen Strukturen der Phänotypen, sogar das Maß ihrer möglichen Flexibilität, sind weitgehend in den relativ stabilen chemischen Rückkopplungen verankert.

Diesen informations- und strukturstabilisierenden Effekt einiger weniger chemisch-eigengesetzlicher Strukturen des Genotyps für die Existenz des organismischen Phänotyps und der biologischen Art als Ganzes in fluktuierenden Umwelten bezeichnen wir im folgenden als „chemobiotische Matrix“.

Es wäre falsch, aus dieser stabilisierenden Bedeutung der chemobiotischen Matrix für die biologischen Phänotypen und deren Umweltwechselwirkungen auf eine „chemistische“ Determination der Lebensweise dieser Arten selbst zu schließen. Die Existenz und Veränderung der biologischen Arten erschließt sich erst aus einer trichotomischen Sicht von Koevolution, d.h. aus der Unterscheidung und Wechselwirkung von Phänotypen, Genotypen und Umwelten.

Aus dieser fundamentalen biologischen Trichotomie von Umwelt, flexiblen und stabilen Eigenstrukturen lassen sich analoge Hypothesen für gesellschaftliche Systeme ableiten: Spezifische biologische Strukturzusammenhänge, aus denen sich die komplexere Vielfalt von Kulturen einst evolutionär entwickelte, wurden als Stabilisatoren integriert und finden sich daher in allen Gesellschaften als deren verborgene Tiefenstruktur. In Analogie zur chemobiotischen Stabilitätsmatrix des genetischen Codes und Genotyps bezeichnen wir sie als biokulturelle Matrix. So wie der

Genotyp die Strukturstabilitäten einer biologischen Art durch komplexe Verkettungen einiger weniger chemobiotoischer Grundstrukturen – durch den genetischen Code – kodiert, so kodiert der „Emotyp“ die Strukturstabilitäten einer Gesellschaftsform durch komplexe Verkettungen einiger weniger biokultureller Grundemotionen.

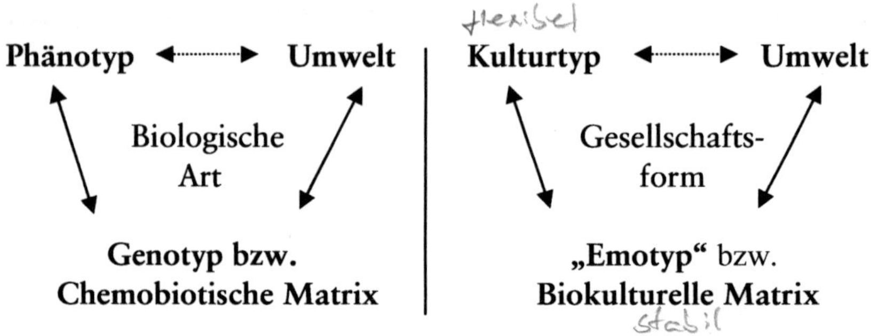

Abbildung 1: Biologische und gesellschaftliche Trichotomie

2. Die biokulturelle Matrix

Im vorigen Kapitel kamen wir anhand der Drei-Welten-Hypothese von Popper sowie durch einen Analogievergleich mit der Biologie zur Hypothese, dass sich Gesellschaften durch drei fundamentale Qualitäten auszeichnen: Umwelt, Flexibilität und Stabilität. Die natürliche Umwelt ist durch Naturwissenschaften und die kulturelle Flexibilität durch Kulturwissenschaften relativ weitgehend erforscht. Anders steht es um die stabilisierenden bzw. Veränderungen limitierenden Tiefenstrukturen von Gesellschaften. Ähnlich wie in der Biologie die dem ersten Blick verborgene chemobiotische Matrix des Genotyps erst sehr spät entdeckt und erforscht wurde, so steht heute die Erforschung gesellschaftlicher Tiefenstrukturen erst ganz am Anfang. Sowohl in Human-, Wirtschafts- als auch Sozialwissenschaften gibt es zwar zunehmend Hinweise darauf, aber bisher keine in sich schlüssige Theorie einer biokulturellen Matrix.

Die ersten Hinweise auf gesellschaftlich-menschliche Tiefenstrukturen kamen aus der Philosophie sowie aus den Anfängen der modernen Psychologie. In der Philosophie waren es insbesondere Spinozas Buch „Ethik“, Hegels Begriff des „Geistes“ und Nietzsches Hinweise auf tiefenpsychologische, nicht so einfach umzuwertende gesellschaftliche „Werte“ oder „Instinkte“. In der Psychologie war es nach Sigmund Freud, der das persönliche Un- und Unterbewusste gezielt zu erforschen begann, vor allem Carl Gustav Jung und dessen Begriff der alle menschlichen Existenzweisen durchziehenden „Archetypen“. Bei deren Bestimmung bezog er sich unter anderem auf Überlieferungen der traditionellen Weisheitsschulen des Ostens. Da auch sein Blick letztlich psychologisch, d.h. auf die Individuen gerichtet war, gelang jedoch kein Brückenschlag zur Sozialwissenschaft. Neuere Versuche zur psychologisch basierten Herausarbeitung universeller, kulturunabhängiger Grundstrukturen bzw. Grundbedürfnisse menschlichen Verhaltens finden sich insbesondere im Umkreis der von Abraham Maslow und Carl Rogers begründeten Humanistischen Psychologie, in der Verhaltensforschung (Eibl-Eibesfeldt 1985), sowie in der Psychologie der Emotionen (Traue/Kessler 2004). Deren Ergebnisse fließen in unsere im folgenden Kapitel entwickelten Begriffe zentraler anthropogener Existenziale ein.

So wie die moderne Psychologie sich primär persönlichkeitsorientiert, mit nur geringen Bezügen zu den gesellschaftlichen Strukturen entwickelte, so konzentrierte sich die moderne Sozialwissenschaft auf die andere Seite, auf die gesellschaftlichen Systeme und Strukturen und vermied deren konkrete Verbindung mit den biologisch fundierten Grundlagen menschlichen Verhaltens. Soziologie erforschte vorwiegend die wandelbaren, flexiblen Strukturen von Wirtschaft, Gesellschaft und Kultur und deren Durchgriff auf die sich anpassenden menschlichen Individuen und Gruppen. Die Rückwirkung emotionaler Grundstrukturen auf gesellschaftliche Kulturen aller Art, deren wechselseitiges Zusammenspiel, wurde zwar immer wieder ansatzweise thematisiert, ob in den Frühphasen moderner Soziologie (siehe oben unter 1.), in den Glanzzeiten der von Max Horkheimer begründeten Kritischen Theorie (Horkheimer 1984; Marcuse 2002; Fromm 1981) und deren Nachfolgern (Honneth/Joas 1980; Honneth 1992; Joas 1999), jedoch bisher nie konkret erforscht.

Ebenso wenig erforscht wurde deren beider Wechselwirkung mit der natürlichen Umwelt. Eine Ursache dieses wissenschaftlichen Erkenntnisdefizits lag vermutlich – neben der im vorigen Kapitel beschrieben Verdrängung von Emotionen bei der Herausbildung moderner Kultur – darin, dass keine zwingende Notwendigkeit zu dieser Erkenntnis bestand. Gesellschaften existierten und funktionierten mehr oder weniger recht und schlecht, gesellschaftliche Entwicklungsprobleme wurden mehr oder weniger zufällig, durch Eroberung neuer Territorien, institutionelle Reformen oder soziale Innovationen, gelöst. Erst heute, mit Sichtbarwerdung der auf bisherigen Wegen nicht lösbaren globalen ökologischen Krise, entsteht die Notwendigkeit, die wirklichen Zusammenhänge und Veränderungsmöglichkeiten des Wechselspiels von Kultur, Mensch und Natur zu erforschen.

Dementsprechend gibt es erste Ansätze in dieser Richtung. Einer davon ist der von Johan Galtung entwickelte und von Rudolf Bahro aufgegriffene Gedanke von „Tiefideologien" bzw. „Tiefstrukturen" von Kulturen bzw. Gesellschaften. Auch wenn sie den Bezug dieser gesellschaftlichen Tiefstrukturen zu neurobiologisch-emotionalen Verankerungen noch nicht unmittelbar herstellen, so ist die funktionelle Analogie zur chemobiotischen Matrix biologischer Arten unverkennbar. Sie zeigen auf, wie stark die Veränderungs- und Entwicklungsmöglichkeiten einer Kultur von auf den ersten Blick nicht sichtbaren tiefenpsychologischen Gewohnheiten der darin lebenden Menschen abhängen (Galtung/Bahro 1991: 263ff.).

So wird erklärbar, warum z.B. komplexe moderne Wirtschaften und Gesellschaften weder im technisch bereits sehr weiten alten Griechenland noch in den institutionell entwickelten asiatischen Gesellschaften entstanden, sondern erst da, wo eine andere gesellschaftlich-emotionale Grundstimmung, eine protestantische Ethik (Weber 1996) bzw. eine sowohl individualitäts- als auch gleichheitsfördernde Tiefideologie dies ermöglichte.

Um zu verstehen, wie solche Tiefideologien die Entwicklung von Gesellschaften beeinflussen, brauchen wir ein konkreteres Verständnis davon, welche speziellen biologischen Strukturen die Stabilitätslieferanten kultureller Evolution sind. Welche spezifischen biologischen Strukturen wechselwirken so stabilisierend und veränderungslimitierend mit flexibleren kulturellen Strukturen, dass sich dabei von einer biokulturellen Matrix gesellschaftlicher Selbstorganisation sprechen lässt?

In Analogie zur chemobiotischen Matrix des genetischen Codes gehen wir davon aus, dass sich auch die Strukturen und Wirkungsweisen der biokulturellen Matrix am besten anhand des evolutionären Übergangs von biologischen zu kulturellen Formen identifizieren lassen.

Welche spezifischen biologischen Strukturen bildeten den Ausgangspunkt der Entwicklung gesellschaftlicher Kulturen und lassen vermuten, dass sie seitdem gesellschaftlicher Entwicklungen tiefstrukturell stabilisierend beeinflussen?

Die Entstehung des Menschen und seiner Gesellschaften wird mit verschiedensten biologischen Mutationen und frühkulturellen Innovationen verbunden. Einige sehen die entscheidenden Schritte der Menschwerdung im aufrechten Gang und der Freisetzung der Hände zur kreativen Gestaltung der Lebensräume, andere im großen Vorderhirn und dessen Erkenntnis- und Kreativitätsleistungen, andere in der Herausbildung von Sprache und damit möglicher vielfältiger Kommunikation und Koordination wirtschaftlicher und gesellschaftlicher Handlungen.

Alle diese Entwicklungen waren wichtige Schritte, vollzogen sich jedoch vermutlich erst im Zusammenspiel mit der noch biologischen Entwicklung einer flexiblen und spezifisch menschlichen Matrix von Emotionen und Gefühlen, sowie deren parallellaufender kultureller Kodierung durch selbsterzeugte sprachliche oder andere Symbole. Die Bedeutung symbolischer Formen für menschliche Gesellschaft und Kultur wurde besonders von Ernst Cassirer erkannt (Cassirer 2001 und 2002). Diese symbolischen Formen emotionaler Kodierung werden hier nicht weiter thematisiert, im Mittelpunkt des Buches stehen die bisher weniger erforschten emotionalen Gehalte, welche die verhaltenssteuernde „Energien“ bzw. gesellschaftlichen Wirkungen von Symbolen erklären.

Deren Bedeutung für die Menschwerdung und daher auch für die alltägliche gesellschaftliche Selbstorganisation ergibt sich aus der neurophysiologischen Erkenntnis, dass die Koordination,

Integration und Motivation menschlichen Verhaltens letztlich nur durch Emotionen gewährleistet wird.

Sosehr menschliche Gesellschaften auf institutionellen Strukturen beruhen, sosehr entstehen und wirken diese Institutionen nur aufgrund bestimmter emotionaler Grundlagen und Kodierungen, die genau durch diese Institutionen reproduziert werden. Denn handeln können nach wie vor nur lebendige Menschen, und dies nur beschränkt aufgrund äußerer Zwänge, vielmehr aufgrund inhärenter Motivationen, d.h. Emotionen.

Ein flexibleres, komplexeres, vielfältigeres Verhalten, welches menschliche Gesellschaften aus den relativ wenig flexiblen Tiersozietäten heraushob, bedurfte daher vor allem einer neuen, komplexeren, und doch stabilen Art und Weise emotionaler Organisation. Dazu mehr im folgenden Kapitel. Hier nur noch der Hinweis, dass sich menschliche Wesen von Tieren u.a. dadurch unterscheiden, dass sie als einziges Lebewesen die ausgeprägte Gabe besitzen, die Gefühle anderer Menschen in Gesichtern zu lesen. Wer seinem Gegenüber in die Augen schaut, während dieser redet, erfährt sehr viel darüber, wie es, jenseits aller Worte, wirklich um diesen steht. Selbst kleinste Regungen der Gefühle des anderen werden im limbischen System, der Gefühlszentrale, registriert und bewertet (Bauer 2005). Daher ist menschliche Kommunikation, so wichtig dabei sprachliche Begriffe und rationale Klärungen sind, vor allem auch eine emotionale Wechselwirkung.

Mit Hilfe der unten ausgeführten Differenzierung zentraler emotionaler Potenziale wird verständlich, warum „Kommunikationen“, die von einer oder beiden Seiten durch unbewußte Emotionen von Physis, Sexus oder Macht motiviert werden, keine wirkliche Verständigung ermöglichen und daher eher Interaktionen als Kommunikationen sind. Wirkliche Kommunikation entsteht nur da, wo beide Seiten vom Gefühlen der Liebe, des Verstehens, Erkennens oder Sinns geleitet werden. Auch der modernde Theoretiker des kommunikativen Handelns, Jürgen Habermas (1988), gelangt zur Feststellung einer solchen eigentlich kommunikativen Qualität gegenüber anderen, nicht wirklich kommunikativen Kommunikationen. Da er trotz seiner weitergehenden Intention letztlich in der Tradition rationalistischer Philosophie verbleibt und die Bedeutung der Gefühle nicht impliziert, bleibt dies bei ihm jedoch eine eher vage Vermutung.

3. Emotionen, Gefühle und Existenziale

Bereits einleitend wurde darauf verwiesen, dass die zentrale Funktion emotionaler Prozesse für menschliche Existenz lange Zeit vernachlässigt wurde und erst in den letzten Jahren in immer mehr Wissenschaftsgebieten neu entdeckt und konkreter erforscht wird. Neuere psychologische Theorien definieren Emotionen oder Gefühle als gestalthafte Grundphänomene menschlichen Verhaltens:

„Sie sind subjektiv erlebte, häufig auch sprachlich repräsentierte Bewertungen von inneren und äußeren Stimuli, die im ganzen Körper, besonders aber in Mimik und Gestik, ihren Ausdruck finden, mit physiologischen und endokrinologischen Aktivierungen einhergehen und (häufig: kognitiv kontrolliert) Handlungen bereitstellen bzw. auslösen" (Stephan/Walter 2004: 17).

Zunehmend wird auch der Zusammenhang individueller Emotionen mit sozialen und kulturellen Entwicklungen thematisiert. Dabei entstehen auch erste Überlappungen der die neuronalen Grundlagen des Sozialverhaltens erforschenden „Social Neuroscience" mit der „Affective Neuroscience", der Neurowissenschaft der Emotionen.

„Emotionen dienen der Individuum-Umwelt-Anpassung. Die emotionalen Strukturen und Funktionen haben sich in einem evolutionären Prozess des Nervensystems und der sozialen Lebensformen des Menschen entwickelt. Zwei wesentliche Konsequenzen folgen daraus: Die evolutionsgeschichtlich neueren Strukturen überlagern die alten Strukturen, heben der Funktion jedoch nicht vollständig auf, sondern machen sie kontrollierbar. Darüber hinaus stehen Emotionen in engem Zusammenhang mit der sozialen Lebensform des Menschen. Sie sind ein wichtiges interindividuelles Signalsystem, mit dem internale Zustände und Handlungsabsichten kommuniziert werden." (Traue/Kessler 2004: 30).

Die durch soziale Kommunikation mögliche Überformung bzw. Kontrolle individueller Emotionen ist jedoch nicht unbeschränkt. Nicht nur die tierische, auch die menschliche Emotionalität hat evolutionär entstandene eigene, relativ stabile Grundstrukturen. Diese beeinflussen die Möglichkeiten und Tendenzen gesellschaftlicher Organisation und Entwicklung.

Im Zusammenspiel mit den vielfältigsten Signalen des Neokortex wird in älteren, subkortikalen Arealen die gesamte innere und äußere Situation des Organismus integriert und zu primären Emotionen und Motivationen mit jeweils typischen neuronalen Mustern präaktiviert. D.h. die Auslöser und kognitiven Bedeutungen der Emotionen sind kulturabhängig, die primären Emotionen selbst sind jedoch nur in bestimmtem Maße gesellschaftlich-kommunikativ steuerbar.

„Die an Emotionen beteiligten Prozesse sind hierarchisch strukturiert und umfassen verschiedene Hirnebenen, vom sensorischen Apparat bis zum Neokortex. Auf jeder Ebene gibt es jedoch automatische und selbstregulierende Mechanismen, die eine vollständige Kontrolle durch ein übergeordnetes System vereiteln“ (ebenda).

Der Neurobiologe und Nobelpreisträger Humberto Maturana kommt daher zu einem für uns interessanten Hinweis:

„In der Geschichte des Ursprungs der Menschheit gehen Emotionen der Sprache voraus ... . Kultur begann, als Sprache, als die Form des Zusammenlebens in konsensuellen Koordinationen von Koordinationen von Handlungen und Emotionen Teil der Lebensweise wurde .. . .Es sind unsere Emotionen, die die Handlungsbereiche konstituieren, die wir in unseren verschiedenen Konversationen leben, in denen dann Naturschätze, Notwendigkeiten und Möglichkeiten in Erscheinung treten.“ (Maturana 1994: 21ff.).

Zur einer ähnlichen Betonung grundlegender emotionaler Verhaltensstrukturen gelangt auch die neuere Konsumentenverhaltensforschung:

„Die grundlegenden oder primären Emotionen sind in den Erbanlagen des Menschen verankert, auch wenn das subjektive Erleben und Ausdrucksverhalten dieser Emotionen durch individuelle und soziokulturelle Einflüsse modifiziert werden. Das Lernen weiterer Emotionen baut auf diesen biologisch vorprogrammierten Emotionen auf." (Kroeber-Riel 1992: 100).

Doch Emotionen und Gefühle gibt es viele und sie sind in den verschiedenen Kulturen und Gesellschaften sehr vielfältig ausgeprägt. Welche emotionalen Grundstrukturen sind universell, d.h. quer durch alle Kulturen wirksam und damit maßgeblich für die Stabilisierung gesellschaftlicher Selbstorganisation? Welche sind diese grundlegenden oder primären Emotionen?

Diese universellen emotionalen Grundstrukturen des Menschen lassen sich zum einen durch interkulturelle Vergleiche, zum anderen durch Nachvollzug ihrer sukzessiven, aufeinander geschichteten evolutionären Herausbildung erkennen. Dabei sind zwei Qualitäten von primären Emotionen und Gefühlen zu unterscheiden: Zum einen die, die sich bereits vor dem Menschen als zentrale Koordinatoren tierischen Verhaltens bildeten und so im menschlichen Verhalten weiterwirken. Zum anderen solche, die sich erst im unmittelbaren Übergang von Tiersozietäten zu menschlichen Gesellschaften herauskristallisierten und so im engeren Sinne kommunikativ und kognitiv funktionieren. Diese Annahme ist nicht aus der Luft gegriffen, sondern auch Ergebnis psychologischer Theorien:

„Die interindividuelle Stabilität, einheitliche Phänomenologie und subkortikale Auslösbarkeit sprechen sehr für ein System von Basisemotionen, das als Teil unseres stammesgeschichtlichen Erbes mit wesentlichen Überlebens- und Reproduktionsfunktionen be-

schrieben werden kann. Das sozial-kognitive Emotionssystem ist von kulturellen und gesellschaftlichen Entwicklungen abhängig. Es zeigt dadurch erhebliche Variabilität (Traue/Kessler 2004: 27).

Da diese Unterscheidung für unsere weiteren Ausführungen sehr wichtig ist, bezeichnen wir die Basisemotionen im folgenden kurz als Emotionen und die kognitiveren und kommunikativeren Emotionen kurz als Gefühle. Dabei beziehen wir uns auch auf eine Unterscheidung, die sich bereits im ersten großen Entwurf einer Theorie menschlicher Gefühle, in Spinozas „Ethik" findet. Er unterschied passive Emotionen, die wir als unbewusste Leidenschaften „erleiden" – wie Angst, Eifersucht u.a. –, von aktiven Gefühlen – wie Mitgefühl, Liebe etc., da letztere erst durch eine Beteiligung des Bewusstseins zu ihrer besonderen Wirkung gelangen.

Die moderne neurobiologische Forschung zeigt, dass auch Basisemotionen den Charakter von Gefühlen bekommen können, wenn sie nicht nur im limbischen System ablaufen, sondern auch in den Reflexionen der vorderen Stirnlappen integriert werden (Ledoux 2001).

Wir verglichen die Hypothesen verschiedener Wissenschaften, die sich mit kulturunabhängigen Verhaltensweisen beschäftigen. Dazu gehören verschiedene psychologische Konzepte von Basisemotionen (Traue/Kessler 2004), sowie die Erkenntnisse der Humanistischen Psychologie über bestimmte allen menschlichen Individuen aller Kulturen angeborene und pyramidial geschichtete Grundbedürfnisse, welche von elementaren Nahrungs-, über Liebes bis hin zu Selbstverwirklichungsbedürfnissen reichen (Maslow 1991 und 2000). Dazu gehören die Erkenntnisse der menschlichen Verhaltensforschung und der evolutionären Erkenntnistheorie (Riedl, 1985; Eibl-Eibesfeldt, 1984), welche aus ihrer Sicht bestätigen, dass es evolutionär herausgebildete Schichten von emotionalen und kognitiven Antrieben und Fähigkeiten gibt. Und dazu gehören die Erkenntnisse der in Jahrtausenden gereiften traditionellen indischen Philosophie (Judith, 1996), welche aus der bunten Vielfalt historischer Gesellschaftsformen ebenfalls allen Menschen eigene, grundlegende und aufeinander geschichtete Verhaltenskomplexe – sogenannte Chakras – herausfilterten.

Der für unsere Ergebnisfindung wichtigste Teil dieses Vergleichs, der zwischen der Bedürfnispyramide des modernen Psychologen Abraham Maslow und dem jahrtausendealten indischen Chakrasystem, welche trotz völlig verschiedener Terminologie erstaunlich identische Schichten hervorheben, wird unten in Tabellenform vergegenwärtigt. Zuvor noch einige Erläuterungen zu den Begriffen.

Das Wort Chakra bedeutet wörtlich übersetzt Scheibe. Eine keineswegs unpassende Analogie, denn auch in moderner Zeit sind Scheiben übliche Speichereinheiten für programmierte Informationen. D.h. wir können uns Chakras etwas vereinfacht als „floppy disks“ denken, die grundlegende Lebensprogramme enthalten. Diese Scheiben existieren nicht im wörtlichen Sinne, dennoch gibt es physiologisch nachweisbare Verortungen: Sie sind jeweils an körperliche Drüsen gebunden, die tatsächlich für die gesamte organismische Steuerung, für Emotions- und Stimmungsbeeinflussung entscheidende Hormone ausschütten. Während es in westlicher Medizinsicht aufgewachsenen Menschen oft nicht leicht fällt, das ganzheitliche Zusammenspiel von Hormondrüsen, Nervenbahnen und Energiemeridianen nachzuvollziehen, ist dies für die aufgrund ihrer Wirksamkeit zunehmend neuentdeckte östliche Medizin – ob die chinesische Medizin oder das indische Ayurveda – selbstverständlich.

Chakras sind also biologisch vorgeprägte und kulturell programmierte emotionale Subroutines, die unser Verhalten formen (Judith, A 1996: 9). Wir haben so mit dem zur Nebennierendrüse gehörenden Basis-Chakra ein komplexes

Überlebensprogramm, dass uns z.B. essen, trinken oder Wärme suchen lässt; letzteres unter anderem durch die Emotion/Motivation, etwas anzuziehen. Es enthält in kultureller Programmierung auch Details, z.B. wie viel Geld wir zu brauchen denken, was wir dafür bereit zu tun sind, was eine Bedrohung für uns darstellt, und was uns sicher fühlen lässt. Wir haben solche jeweils konkret programmierten Hintergrundprogramme auch für Sexualität, Macht, Liebe, Kommunikation und anderes. In der Analogie moderner Informationsverarbeitung lässt sich das siebente Chakra als Operatorsystem denken. Es repräsentiert die Art und Weise, wie wir alle anderen Programme organisieren und interpretieren.

Maslow benutzt für seine zentralen menschlichen Verhaltensschichten des Begriff der Grundbedürfnisse. Er unterscheidet dabei Defizit- und Wachstumsmotivationen und bringt diese in eine hierarchische Anordnung – die Maslowsche „Bedürfnispyramide". Die höheren Bedürfnisse innerhalb der Hierarchie werden erst dann wichtig bzw. verhaltenswirksam, wenn die darunterliegenden Bedürfnisse befriedigt sind. Die physiologischen und Sicherheitsbedürfnisse (auf den untersten beiden Stufen der Bedürfnis-Hierarchie) haben Priorität und höchste Motivationskraft, solange sie unbefriedigt bleiben. Erst wenn sie befriedigt sind, beginnen die Bedürfnisse einer höheren Ebene stärker hervorzutreten und das Denken, Fühlen und Handeln zu motivieren.

Ein weiterer für unsere Zwecke wichtiger Erkenntnisschritt besteht in einem Quervergleich zwischen der Maslowschen Bedürfnispyramide mit der vor allem in indischer Philosophie entwickelten Anthropologie der Chakren. Die dabei sichtbaren Parallelen lassen sich sehr gut mit dem neueren Wissen zur Bedeutung von elementaren bzw. primären Emotionen und Gefühlen integrieren. Die Zuordnung der Vielfalt elementarer menschlicher Emotionen zu zentralen anthropologischen Schichten lässt sich leicht nachvollziehen. Dabei zu beachten ist, dass viele der alltäglich verwendeten Emotions- bzw. Gefühlsbegriffe keine elementaren, sondern kulturell formierte Gefühlskomplexe sind.

Ein gutes Beispiel dafür ist das für moderne Mann-Frau-Beziehungen bedeutsame Wort und Symbol der „Liebe". Damit ist meist nicht das hier mit diesem klassischen Begriff bezeichnete primäre Mitgefühl gemeint, sondern eine sehr komplexe Verbindung und Kodierung von verschiedenen ökonomischen, sexuellen, mitfühlenden u.a. Emotionen und Gefühlen.

Tabelle auf der Folgeseite:
Vergleich der Maslowschen Bedürfnisschichten mit primären Emotionen und Chakras.

Grundbedürfnisschichten bei A. Maslow und elementare Gefühle in verschiedenen Theorien	**Zentrale Chakren indischer Philosophie und Hauptdrüsen des menschlichen Organismus**
Physiologische Bedürfnisse: Emotionen des Hungers, Dursts, Wärme/Kältegefühle, elementare Schutz- bzw. Angstgefühle u.a.	Muladara Wurzel- oder Basis-Chakra Nebennierendrüse
Physiologische Bedürfnisse: Emotionen von sexueller Lust/ Unlust; elementare Mutter- und Gruppeninstinkte u.a.	Svadhisthana Sakral-Chakra/ Kreuzzentrum Keimdrüsen
Bedürfnisse nach Achtung: Emotionen von Macht, Anerkennung, Prestige, Status, Depression, Unsicherheit, sozialer Furcht etc.	Manipura Solarplexus-Chakra/Nabelzentrum Bauchspeicheldrüse
Soziale Bedürfnisse: Zuneigung, Kontakt, Geborgenheit, Mitgefühl, Liebe u.a.	Anahata Herz-Chakra/Herzzentrum Thymusdrüse
Soziale Bedürfnisse: Kommunikation, Gefühle des Verstehens, Verstandenseins bzw. Nichtverstandenseins	Vissudha Kehl-Chakra/Kommunikations-Zentrum Schilddrüse
Wachstumsbedürfnis: Weltverständnis, Neugier und Erkenntnis-Gefühle	Ajna: Stirn-Chakra/Inneres Auge Hirnanhangdrüse
Wachstumsbedürfnis: Ausschöpfung eigenen Potentials, Transzendenzgefühl, Moral- und Sinngefühle bzw. Sinnleere u.a.	Sahasrara: Kronen-Chakra/ Scheitelzentrum Zirbeldrüse

zentrale anthropogene Existentiale

Um die Vielfalt der Begriffe im Sinne unserer Erkenntnisabsicht, d.h. der Identifizierung von elementaren biokulturellen Verhaltensstabilisatoren, handhabbar zu machen, führen wir hier einen neuen Begriff ein: den Begriff zentraler anthropogener Existenziale: Alle sich einer der beim obigen Vergleich identifizierten zentralen Schichten zuordnen lassenden Emotionen bzw. Gefühle werden zusammen als ein zentrales anthropogenes Existenzial verstanden und dieses jeweils kurz mit einem Begriff bezeichnet.

Der abstrakte Begriff „Existenzial" selbst berücksichtigt, dass sich die emotionalen Fundamente gesellschaftlicher Selbstorganisation zwar einerseits rein objektiv durch wissenschaftlich-rationale Außenbetrachtung beschreiben lassen, aber andererseits damit zugleich berührte und mehr oder weniger aktive psychophysische Komplexe der menschlichen Innenwelt darstellen. D.h. sie verkörpern zentrale Qualitäten menschlicher Existenz, „Existenz" dabei verstanden im Doppelsinn als einerseits gesellschaftlich geformte, objektiv-betrachtbare und andererseits innerlich-erlebbare und subjektiv-mitgestaltbare Wirklichkeit.

Der zweite Aspekt war lange Zeit Domäne von Religionen und Mystiken und ist daher in modernen Humanwissenschaften erst ansatzweise reflektiert. Diese wissenschaftlich bisher vernachlässigten Phänomene der menschlichen Innenwelt klopfen jedoch zunehmend an die Tür moderner Gesellschaften. Das begann bei den philosophischen Strömungen des Existenzialismus und deren Betonung von Phänomenen wie Freiheit, Urangst, Urvertrauen etc. Es setzt sich fort im wachsenden Bereich moderner Verhaltenstherapien und findet erste Artikulationen auch bei den Vordenkern der modernen Psychologie und Neurobiologie, z.B. in der Erforschung der konkretes menschliches Verhalten maßgeblich steuernden „inneren Bilder" (Hüther 2004).

Im Ergebnis des Quervergleichs von Evolutionsschichten, Grundbedürfnissen, Primäremotionen, Basisgefühlen und Chakras können wir die in der folgenden Abbildung dargestellten zentralen menschlichen Existenziale hervorheben. Da diese nie isoliert, sondern immer nur in komplexer Wechselwirkung miteinander existieren, ist dabei die Wechselwirkung angedeutet. Die Ausprägung und das Verhältnis der Existenziale Macht und Liebe bildet in allen uns bekannten Gesellschaften ein die Wirkung aller anderen Existenziale maßgeblich beeinflussendes Zentrum. Daher sind diese beiden besonders hervorgehoben. Konkretere Erklärungen dazu finden sich im folgenden Kapitel.

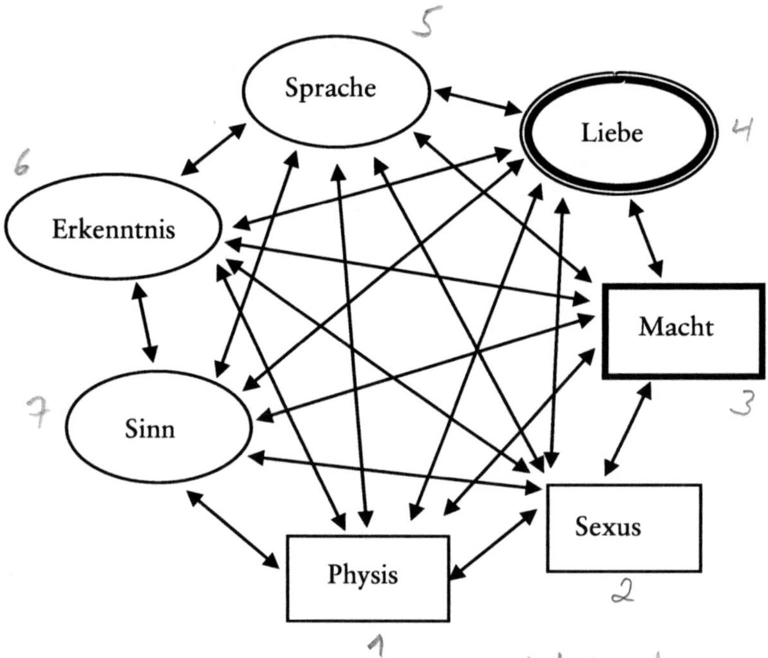

○ = anthropogen / Gefühle
□ = voranthropogen / Emotionen

Abb. 2: Biokulturelle Matrix als komplexe Wechselwirkung bzw. Verkettung zentraler emotionaler Existenziale

Die Entscheidung für genau die dargestellten Existenziale ist nicht ganz eindeutig und es bedarf weiterer Forschungen, um zu konkretisieren, ob möglicherweise noch ein oder zwei weitere emotionale Komplexe als Existenziale auszuweisen sind. So ist vorerst offen zu lassen, ob z.B. zwischen Macht und Liebe noch ein besonderes Existenzial der Anerkennung hervorzuheben, oder ob Anerkennung eher ein starker kultureller Mix der grundlegenderen emotionalen Schichten von Macht/Status, Mitgefühl/Liebe und Erkenntnis ist. Ebenso noch zu wenig konkret erforscht und daher in Frage stellbar ist die Differenzierung zwischen den Existenzialen Erkenntnis und Moral Sense, sowie die Frage, ob die Emotionen von Kreativtät und Spiel eigenständige grundlegende Existenziale darstellen.

Unabhängig von diesen noch offenen Feinheiten ermöglichen die heraus gefilterten Existenziale ein für das hier thematisierte Problemfeld gesellschaftlicher Gefühle insgesamt erstaunlich stimmiges Bild.

Gemäß der oben getroffenen begrifflichen Unterscheidung gibt es Emotions- und Gefühls-Existenziale.

Das folgende Kapitel widmet sich dem Versuch, die einzelnen Emotions- bzw. Gefühlsexistenziale sowie deren Trägheits- und Mitwirkungen für Gesellschaften konkreter zu beschreiben.

Ein solcher emotions- und gefühlsorientierter sozialphilosophischer Ansatz ist an sich nicht neu. Im Anschluss an die Husserlsche Innovation, rein rationalistische Analysen der Wirklichkeit durch eine menschliche Innen- oder Wesensschau zu ergänzen, entwickelte insbesondere Max Scheler bereits in der ersten Hälfte des 20-igsten Jahrhunderts einen ähnliche, auf der Erforschung primärer menschlicher Gefühle aufbauende „materiale Wertethik“ (Scheler 1954: 125ff.). Über weitere Ansätze in dieser Richtung, die gleichwohl alle noch nicht den Schritt zu einer Gesellschaftstheorie wagen, informiert Meier-Seethaler (2001).

Die Zeit war damals jedoch noch nicht reif für eine solche Innovation. Einerseits fehlte eine diese Intuitionen objektivierende neurobiologische Forschung, andererseits waren die gesellschaftlichen Realitäten erst beim Beginn einer ganz anderen, trotz aller nazistischen Mystizismen letztlich primär rationalistischen, technikgläubigen Entwicklung, deren ihre eigenen Naturgrundlagen destruierenden Grenzen noch nicht sichtbar wurden.

4. Zentrale menschliche Existenziale

Mit den Begriffen der biokulturellen Matrix und der anthropogenen Existenziale ergibt sich ein Denkansatz, welcher sowohl naturalistische als auch kulturalistische Vereinseitigungen vermeidet. Ähnlich wie die chemobiotische Matrix des Genotyps die Wechselwirkungen zwischen Phänotypen und Umwelt nicht determiniert, jedoch stabilisiert und durch eigene Mutationen beeinflusst, so wird auch die Wechselwirkung zwischen Gesellschaftsstrukturen und Naturumwelten von der biokulturellen Matrix der anthropogenen Existenziale nicht bestimmt, jedoch stabilisiert und auch in ihren Entwicklungen beeinflusst. Die Existenziale repräsentieren sowohl den einstigen evolutionären Übergang von der Natur zur Kultur, als auch die dauerhaften unmittelbaren Vermittlungskomplexe von Natur und Kultur.

Die im Prozess der biokulturellen Evolution des Menschen entstandenen Existenziale bzw. emotionalen Komplexe sind daher universelle, d.h. alle Kulturen durchdringende Grundstrukturen des Menschen. In der historischen Vielfalt gesellschaftlich-kultureller Formen, Bedürfnisse und Werte ist dies auf den ersten Blick nicht zu vermuten. Schaut man jedoch näher, zeigt sich, dass sie in allen Kulturen, ob in Jäger- und Sammlersippen, in frühen Hochkulturen oder in modernen Gesellschaften „unter" bzw. „hinter" den konkreten kulturellen Formen vorhanden sind: Keine Gesellschaft bzw. Kultur existiert ohne diese oder jene Formen von Physis, Sexus, Macht, Liebe, Sprache, Erkenntnis und Sinn.

Infolge ihrer evolutionär aufeinanderfolgenden Herausbildung weisen die Existenziale untereinander eine Schichtung auf. Die Physis ist Ergebnis früherer Evolutionsprozesse als der Sexus, erst auf diesen folgte Macht, darauf Liebe, darauf Sprache, dann Erkenntnis und Sinn/Glaube.

Aufgrund ihrer zentralen Position in diesen Vermittlungskomplexen von Natur und Kultur sind die beiden unmittelbar soziale

Bezüge konstituierenden Existenziale, Macht und Liebe, mehr als die anderen für gesellschaftliche Selbstorganisationen und Strukturbildungen wirksam. Aber dazu, sowie zu den anderen zentralen Existenzialen, im folgenden konkreter. Bei der Darstellung wählen wir die Reihenfolge ihrer evolutionären Herausbildung und Schichtung.

4.1. Physis

Das Existenzial umfasst eine Vielzahl von materiell-energetischen Lebensprozessen und entsprechenden Emotionen, von Hunger/Sattheit, über Wärmen/Frieren, bis hin zu Raum- und Schutzemotionen wie Enge, Angst u.a.. Aufgrund der Basalität dieses die früheste evolutionäre Schicht verkörpernden Existenzials haben verschiedene Sozialphilosophen den damit unmittelbar verbundenen Tätigkeiten und Gesellschaftsstrukturen eine primäre, d.h. alle anderen menschlichen Lebensäußerungen und Gesellschaftsstrukturen maßgeblich determinierende Wirkung unterstellt. Die historisch-materialistischen Theorien von Marx und Engels, aber auch neuere wie die von Moscovici (1995), sind hier zu nennen.

Aus Sicht der existenzialen Schichtentheorie ist daran richtig, dass im Falle der ungenügenden Befriedigung physischer Lebensansprüche die entsprechenden Mangelemotionen starke Antriebswirkungen aktivieren, die alle anderen, komplexeren Emotionen mehr oder weniger blockieren. Im Falle einer ausreichenden Befriedigung physischer Bedürfnisse ist dies jedoch nicht der Fall, d.h. physische Emotionen wirken dann je nach kultureller Betonung und individueller Prägung mit im Orchester aller Existenziale, ohne diese jedoch primär zu determinieren. Im Gegenteil, im Falle ausreichender gesellschaftlicher Gewährleistung physischer Grundbedürfnisse ist die Art und Weise ihrer Realisierung weniger von den unmittelbar physischen, als von den technischphysische Gegenstände benutzenden Sexus-, Macht-, Liebes-, Kommunikations- und Sinnexistenzialen bestimmt.

4.2. Sexus

Das Existenzial umfasst die Vielzahl der mit organismischer Fortpflanzung und dem Austausch von Erbgut verbundenen Emotionen und Gefühle. Dazu gehören nicht nur die sexuellen Gelüste im engeren Sinne, sondern auch die Emotionen familiärer Einbindung wie Mutterinstinkte und Vaterinteressen, die zur emotionalen Bevorzugung der eigenen gegenüber anderen Kindern führen, außerdem elementare Sippenbindungen, familiäre Nachahmungen, Stimmungsübertragungen u.a.

Da die biologische Fortpflanzung für den Arterhalt fundamental ist, wurden die entsprechenden Emotionen evolutionär mit entsprechender Wirkungskraft versehen. Obwohl männliche und weibliche Sexualemotionen in vielen Feinheiten biologisch differieren (Fisher 2005) und deren konkrete Äußerungsformen kulturell stark überformt werden, sind sie bei beiden Geschlechtern ähnlich wirkungsintensiv. Ähnlich wie das physische Existenzial beeinflussen sie die anderen Lebensbereiche des Menschen besonders intensiv dann, wenn ihr natürlicher Fluss gesellschaftlich eingeschränkt ist. Aus der Wahrnehmung dieser Wirkungsintensität im konkreten Fall bürgerlich-protestantischer Unterdrückung schlossen Sigmund Freud, Wilhelm Reich u.a., dass alle kulturellen Verhaltensweisen letztlich vor allem Sublimationen des Sexus sind. Ähnlich wie beim physischen Existenzial lässt sich jedoch zeigen, dass in Kulturen, die den Sexus weniger stark unterdrücken bzw. reglementieren, auch keine so fundamentale Wirkung des Sexus auf alle Lebensbereiche zu verzeichnen ist (Malinowski 1930).

Wie bei allen Primäremotionen und Basisgefühlen ist auch bei den des Sexus zu beachten, dass sie beim Menschen und dessen soziokulturellen bzw. gesellschaftlichen Lebensweisen nie in reiner, sondern immer nur in dieser oder jener kultivierten Form existieren und wirken. Insofern der Mensch – als Frau wie als Mann – von Natur aus ein auch mit „höheren“ Gefühlen begabtes Wesen ist, sehnt er sich „normalerweise“ weniger nach bloßem Sex als nach integrierteren Formen erotischer Kommunikation. Wenn in bestimmten Situationen – Kriegszustände, zu Prostitution zwingende unsolidarische Zustände etc. – dennoch sexuelle Emotionen in ihrer Elementarität durchbrechen, dann ist auch dies weniger ein Natur- denn ein gesellschaftlich verursachter „Kultur“-zustand.

Unabhängig von den jeweiligen Kultivierungen kommt den Emotionen des Sexus in allen gesellschaftlichen Formen eine mehr oder weniger bedeutsame Rolle zu, sowohl als Teil des Kitts für die Stabilisierung, oft aber auch als Stachel für die Innovation von Institutionen, Werten, Wirtschafts- und Konsumstilen.

4.3. Macht

Das hier kurz als Macht zusammengefasste Existenzial umfasst alle die Emotionen, welche mittels bestimmter, kulturell kodierter Interaktionen hierarchische Ordnungsformen in gesellschaftlichen Systemen realisieren. Dazu gehören auf der „positiven“ Seite der Skala Phänomene wie Macht-, Dominanz- und Triumphgefühle; die wir hier, gemäß unserer Unterscheidung zwischen Emotionen und Gefühlen, besser Macht-, Dominanz- und Triumphemotionen nennen. Auf der „negativen“ Seite gehören dazu Emotionen der sozialen Angst, Depression, Unterwürfigkeit etc.

Evolutionär entwickelte sich dieses Existenzial nicht nur nach, sondern auch in vieler Hinsicht aus dem Sexus. Dies zeigt sich u.a. darin, dass die durch verschiedenste Lebenserfahrungen und konkrete situative Signale vermittelte Konzentration des männlichen Sexualhormons Testosteron eine vermittelnde Rolle dabei spielt, ob man sich „oben“ oder „unten“ in der sozialen Hierarchie befindet und empfindet; oder auch darin, dass es Männern in fast allen Kulturen leichter fällt, dominante Positionen einzunehmen und zu verteidigen.

Aufgrund der evolutionär späten Herausbildung und dementsprechenden Überformung früherer Basisemotionen haben die Interaktionen und Symbole der Macht einen starken existenziellen Einfluss auf das individuelle Verhalten, nicht nur von Tieren, sondern auch von Menschen aller Kulturen. Phänomene wie die Beherrschung ganzer Gesellschaften durch besonders machtbegabte Männer, wie sie trotz aller Kulturentwicklung von Nero und Caligula bis hin zu Stalin oder Hitler immer wieder geschahen, haben zwar immer auch konkret historische Ursachen, ihre in „kultivierter“ Form im massenhaften Verhalten realisierte Wirksamkeit ist jedoch ohne Verständnis der existenziellen Machtanfälligkeit menschlicher Natur nicht erklärbar.

Der Verhaltensforscher Eibl-Eibesfeldt (1984) erklärt die neurobiologisch und interaktiv vermittelte biosoziale Selbstorganisation von Macht; und inwiefern dieser letztlich immer auf die Alpha-Position zielende Komplex, der in zahlenmäßig beschränkten Tierverbänden seine natürliche Aktionsgrenze hatte, in umfangreicheren gesellschaftlichen Strukturen zur Verselbständigung tendiert – wenn ihm keine kulturellen Grenzen gesetzt werden. In seinen kulturgeschichtlichen Untersuchungen zur Macht kommt Foucault zu ähnlichen Schlussfolgerungen: Es gilt, zu

„begreifen, dass die Macht nicht im Staatsapparat lokalisiert ist und dass nichts in einer Gesellschaft verändert sein wird, wenn die Machtmechanismen, die außerhalb der Staatsapparate, unter ihnen, daneben, auf einem sehr viel niedrigeren, alltäglichen Niveau funktionieren, nicht verändert werden“ (Foucault 1976: 95).

Lewis Mumford (1987) hat in seinem Buch vom „Mythos der Maschine“ sehr konkret die kulturgeschichtlichen Zusammenhänge herausgearbeitet, wie die einst in schwierigen sozialökologischen Konstellationen zu patriarchalen Wirtschafts- und Gesellschaftsformen geronnenen Machtemotionen die Entwicklung der gesamten modernen Zivilisation der letzten 5000 Jahre beeinflussten. Davon ausgehend zeigten Sozialökologen wie Rudolf Bahro (1989) oder Claudia von Werlhof (1992), wie stark die wünschenswerte nachhaltige Entwicklung davon abhängen wird, ob es gelingt, diese jahrtausendelang eingewohnten patriarchalen Muster aufzulösen, bzw. in neue, gefühlvollere Spielarten zu überführen. Ähnlich fasst es der Neurobiologe Maturana:

„Unsere gegenwärtigen Schwierigkeiten bestehen nicht, weil wir nicht über ausreichendes Wissen verfügen oder weil es uns an technischen Fähigkeiten mangelt; unsere gegenwärtigen Schwierigkeiten sind das Ergebnis eines Mangels an Sensitivität ..., eines Verlustes, den wir erleiden durch unser Eingebundensein in die Konversationen der Inbesitznahme, der Macht, der Kontrolle über das Leben und über die Natur, die unsere patriarchale Kultur bestimmen" (Maturana 1994: 21 f")".

Ein anderer kulturdurchgreifender Einfluss des Machtexistenzials wird in der Soziologie unter dem Begriff der Anerkennung thematisiert. In seiner „Theorie der feinen Leute" beschrieb bereits zu Beginn moderner Industriekultur der amerikanische Ökonom Thorstein Veblen die auch für relativ notfreie, doch sozial stark differenzierte Gesellschaften enorme Wirkungs-mächtigkeit dieses zentralen Verhaltenspotenzials. Während vermögensarme Menschen primär mit der Sättigung ihrer materiellen Primärbedürfnisse beschäftigt sind, hat der Konsum vermögender Schichten eine völlig andere Grundmotivation: Er dient überwiegend zur Darstellung und Absicherung ihres sozialen Status gegenüber anderen (Veblen, 1899; Honneth, 1992).

Macht funktioniert weitgehend vorkulturell, d.h. stark biopsychisch unbewusst. Sie beeinflusst die gesellschaftliche Selbstorganisation aller Kulturen relativ unmittelbar und ist nur durch bewusst konstituierte Institutionen wie Gewaltenteilung, demokratischen Parteienwettbewerb etc. kulturell einbindbar. Damit solche institutionelle Machtrelativierung jedoch wirklich funktioniert und nicht nur auf neuer gesellschaftlicher Ebene zu Macht-, Status- und Anerkennungskämpfen verkommt, bedarf es der aktiven Mitwirkung der komplexeren sozial-kognitiven Gefühlspotenziale.

4.4. Liebe

Mit der Liebe verlassen wir die stammesgeschichtlich voranthropogen, d.h. weitgehend bereits vor der Menschwerdung herausgebildeten Emotionen und betreten das Reich der eigentlichen Gefühle. Das Existenzial der Liebe ist in gewisser Weise der unmittelbar kultivierende Antipode von Macht. Das Gefühl der Liebe, des Einfühlens in und für andere, befreit von den Affekten der gegenseitigen Bewertung, der Über- und Unterordnung. Es umfasst Gefühle wie Mitleid, Mitfreude, Großmut und all der ganz konkrete, von Kultur zu Kultur verschiedene Äußerungsformen.

Auch die Funktion und Wirkung der Liebe lässt sich evolutionsgeschichtlich umreißen: Liebesfähigkeiten entwickelten sich ursprünglich in der biologischen Nachwuchsfürsorge. Daher erklärt sich ihre besondere, einen durchaus qualitativen Unterschied zu früheren Verhaltenspotentialen wie Sexus oder Macht markierende Wahrnehmungs- und Handlungsqualität. Im Unterschied zu diesen ist Liebe nicht instinktiv blind auf den Vollzug organismisch-interner neurohormoneller Impulse festgelegt, sondern fähig zur über die eigenen Instinkte bzw. Gewohnheiten hinaus gehenden Einfühlung in die Zustände und Situationen anderer Wesen. Dieses andere Lebewesen war ursprünglich nur der eigene Nachwuchs, d.h. das Gefühl der Liebe entstand evolutionär gesehen zuerst zwischen Müttern und Kindern. Das besondere Potenzial der liebevollen Einfühlung erwies sich aber auch für zahlreiche andere Verhaltensbereiche sehr vorteilhaft und wurde daher allmählich evolutionär ausgeweitet. Neben den weiblichen wurden auch die männlichen Organismen dazu fähig, und neben dem eigenen Nachwuchs wurden auch andere Entitäten, so Pflanzen, Tiere, andere Erwachsene, ganze Gesellschaften und sogar der Kosmos insgesamt zu Gegenständen dieser Einfühlung.

Der Verhaltensforscher Eibl-Eibesfeldt bezeichnete diese Entwicklungen, in denen die Liebe und die mit dieser verbundenen Fähigkeiten der Freundlichkeit, des Lächelns, des sich in ein anderes Wesen Einfühlens und einander Verstehens auf die Welt kamen, als „Sternstunden der Evolution“ (Eibl-Eibesfeldt 1984: 340ff.).

Nicht nur religiöse Traditionen aller Kulturen verwiesen immer wieder auf die entscheidende, vermenschlichende Bedeutung dieses Gefühls. Auch moderne Sozial- und Humanwissenschaftler (Mumford 1987; Eibl-Eibesfeldt 1986; Hüther 2003; Schleske 2003) kommen zur Erkenntnis, dass eine komplexer differenzierte Kulturentwicklung, d.h. auch eine ökologische bzw. nachhaltige globale Gesellschaft, nur im Maß einer stärkeren Entfaltung und Wirksamkeit dieses zentralen menschlichen Existenzials denkbar ist.

Erich Fromm arbeitete heraus, dass sich Liebe fundamental von anderen, evolutionär früheren sozialen Verhaltenspotentialen, so von gruppenformierender Uniformität als auch individualitätshemmenden Hierarchien der Macht unterscheidet. Er verwies auf die besondere, in gewisser Weise unmittelbar nachhaltige Bedeutung dieses Gefühls. Liebe sei eine besondere, einzigartige Kompetenz, die das Andere nicht benutzt, sondern in seiner Unabhängigkeit fördert, die so „die Entwicklung nicht behindert, keine Reibungsflächen schafft und keine Energie verschwendet“ (Fromm 1981: 35).

Der Neurobiologe Gerald Hüther formuliert in seinem Buch „Evolution der Liebe“ die daraus ableitbare Konsequenz für die Wissenschaft:

„Die große Aufgabe der Biologie des 21. Jahrhunderts wird darin bestehen, der so ausgiebig beforschten auseinandertreibenden Kraft der Konkurrenz eine komplementäre, für den Zusammenhang alles Lebendigen verantwortliche Kraft gegenüberzustellen und mit allen Mitteln ihrer wissenschaftlichen Kunst zu erforschen.“ (Hüther 2003: 61).

Auch die oben nur abstrakt eingeführte Unterscheidung zwischen Emotionen und Gefühlen können wir jetzt konkretisieren: Emotionen sind jene biokulturellen Verhaltenssteuerungen, deren Bezugspunkt der eigene Organismus ist. Selbst wenn sie, wie im Falle von Sexus und Macht, interaktive Strukturen konstituieren, geschieht dies primär in den durch die Signale anderer Organismen nur ausgelösten eigenen emotionalen Abläufen. Emotionen haben einen organismischen Überlebenszweck: Ernährung, Sicherheit, Fortpflanzung etc.. Andere Organismen, selbst die er eigenen Art, sind dabei nur Mittel, nicht Selbstzweck.

Gefühle hingegen sind in liebevoller Resonanz mit einem anderen lebendigen Wesen „geläuterte“ Emotionen. Sie erwachsen aus der Mit- oder Nachempfindung der Emotionen des anderen. Diese wunderbare Fähigkeit, die Ängste und Nöte, aber auch die Lüste und Freuden des anderen mitzufühlen, erwuchs evolutionsgeschichtlich aus der Mutterliebe. Solche Mitgefühlsfähigkeit brachte denen, die sie zuerst evolutionär und dann kulturgeschichtlich ausweiten konnten, jedoch auch vielfache andere evolutionäre Vorteile. Sie befähigte dazu, Pflanzen und Tiere nicht nur als unmittelbare Gefahr oder Nahrung, sondern als eigenständige, einzigartige Lebewesen wahrzunehmen. Daraus erwuchsen z.B. die Haustiere. Sie befähigte auch dazu, die Dinge generell in ihren Eigenheiten zu sehen, daraus erwuchs Sprache, Kunst und alle wirkliche menschliche Kultur, sogar die Fähigkeit zur Freiheit (dazu siehe etwas konkreter im Anhang).

4.5. Sprache

Der französische Philosoph Rousseau, dessen gefühlvolle Gedanken wesentliche Impulse für die Befreiungswirkungen der französische Revolution auslösten, bemerkt in seinem Essay zur Entstehung der Sprache, dass das erste Wort nur aus Liebe entstanden sein könne. Nur das Gefühl der Liebe können bewirkt haben, dass man etwas bewunderte, mit einem besonderen Laut bedachte und dieses einfühlsame, staunende Bewundern dann anderen Menschen mitteilte.

Damit steht er im Widerspruch zu zahlreichen modernen Sprach- und Kommunikationstheoretikern, welche die Entstehung der für menschliche Kultur maßgeblichen Symbolsprache eher aus sozial-systemischen oder lebensweltlichen Notwendigkeiten erklären. Auch wenn letztere auf ihre Weise durchaus logische Erklärungsakzente beitragen, so bedeutet dies nicht, dass Rousseau falsch lag. Im Gegenteil, Rousseau traf vermutlich intuitiv einen zentralen Punkt aller Kulturentwicklung.

Betrachtet man Sprache einfach nur als Kommunikationsmittel, als Zusammenspiel von bezeichneten Sachverhalten, zwischenmenschlichen Bedeutungen und Trägersymbolen, so übersieht man, dass es zwei äußerlich ähnliche, doch innerlich sehr verschiedene Qualitäten von Sprache gibt.

Sprache kann einfach nur Vermittlungsinstrument von komplexen Sozialstrukturen sein, die primär durch die Emotionen von Macht, Sexus und Physis geprägt sind. Ereignet sich Sprache jedoch im aktiven Existenzial von Liebe, dann ist sie unmittelbar kreatives Kulturinstrument. Dann ermöglicht sie Entdeckungen, tiefere Selbsterkenntnisse und neue Lebensmöglichkeiten, die erst dadurch entstehen, dass bisher unverbundene Dinge durch wortsymbolisch erweiterte Liebe überhaupt in Zusammenhang gebracht werden können. Dies betrifft nicht nur Sachen, sondern auch Menschen selbst. Sprache im Modus der Liebe ermöglicht die Erweiterung von Liebe über das natürlich enge Maß der unmittelbaren Nachkommen hinaus. Nur so können aus einander fremden Sippen und Kulturen befreundete Völker, letztlich eine vielfältige, doch Eine irdische Menschheit werden.

Sprache in diesem Sinne ist symbolisch vermittelte Erweiterung von Liebe, dabei entstehen so besondere, für menschliche Existenz so bedeutsame neuartige Gefühle des einander Verstehens, dass es gerechtfertigt ist, diesen ein eigenes Existenzial zuzusprechen. Allerdings ist dieses nur dann existent, wenn Sprache im Modus der Liebe wirkt. Denn fast alle vermutlich ursprünglich in diesem Modus sprachsymbolisch erweiterter Liebe entstandenen Kulturleistungen – ob Höhlenmalereien und andere Kunstwerke, Faustkeile und Flugzeuge, Parlamente, Rechtskodexe oder andere Bücher – wurden und werden nach ihrer Entstehung auch für die Ausagierung und Ausweitung der weniger komplexen, jedoch starken Emotionen der Macht eingesetzt.

Es gibt jedoch ein weiteres Existenzial, was in der Lage ist, diese für Kulturentwicklung in gewisser Weise unvermeidliche, dennoch für komplexere Kultur- und Gesellschaftsformen auch komplexer „zu befreiende“ Mischung von biokulturellen Emotionen und Gefühlen zu „klären“.

4.6. Erkenntnis

Ähnlich wie beim Existenzial der Sprache ist der Emotions- bzw. Gefühlscharakter von Erkenntnis nicht auf den ersten Blick wahrnehmbar. Die Fähigkeit dazu, komplexe Strukturen der Umwelt als solche, d.h. ohne allzusehr den Blick beeinflussende emotionale Interessen wahrzunehmen, entstand evolutionär vermutlich beim Überleben in sich rasch wandelnden, d.h. nicht durch festgelegte Verhaltensinstinkte bedienbaren Umwelten. Aus dieser Entstehung heraus erklärt sich die auch bei abstrakten und komplexen, d.h. nicht unmittelbar bildlichen menschlichen Erkenntnisprozessen vorhandene Tendenz, sich diese räumlich-bildhaft vorzustellen, sie zu „be-greifen" (Eibl-Eibesfeldt 1984). Diese nur zeitlich-unmittelbare Situationseinsicht ermöglichende Fähigkeit wurde im biokulturellen Verlauf der Menschwerdung erweitert. Im Zusammenspiel mit der durch Wortsprache möglichen sinnlichen Symbolisierung entwickelte sich die Fähigkeit, auch ungegenständliche, abstrakte und komplexe Strukturen zu „begreifen". Wie sehr auch dabei unsere angeborene Verräumlichungstendenz noch eine Rolle spielt, zeigt sich zum Beispiel am Begriff gesellschaftlicher Institutionen. Unwillkürlich tendiert man dazu, sich z.B. Parlamente, lokale oder europäische Verwaltungen als feste Bastionen gesellschaftlicher Organisation vorzustellen; und übersieht dabei, dass deren Wirkung ganz und gar nicht auf räumlich lokalisierbaren Gebäuden und Menschenversammlungen, sondern auf den sich darin massenhaft und zentral vollziehenden emotionalen Kodierungen beruht. Daher verschwinden bzw. wandeln sich die Institutionen einer bestimmten Kulturepoche nicht nur durch äußerlich sichtbare Kämpfe, sondern auch, wenn durch den Einfluss anderer, wirksamerer gesellschaftlicher Gefühle sich die Einsicht verbreitet, dass die alten Institutionen menschliche Freiheit behindern und daher neue an der Zeit sind – so ereigneten sich z.B. die friedliche Eroberung Roms durch das Christentum, oder auch die friedliche Selbstauflösung der „realsozialistischen" Systeme Osteuropas gegen Ende des 20. Jahrhunderts.

An diesen Beispielen wird sichtbar, dass Erkenntnisexistenziale einen für gesellschaftliche Innovation sehr bedeutsamen Einfluss haben können. Sie bekommen diesen jedoch vor allem dann, wenn sie nicht primär emotionale Machtkomplexe durch Scheinerkenntnisse legitimieren, sondern erweiterte Gefühle von Liebe und Sinn (dazu unten) durch horizonterweiternde, manchmal auch tabubrechende neue Einsichten unterstützen.

Inwieweit das Aha-Gefühl wirklicher Erkenntnis im einzelnen Individuum wirken kann, ist stark von dessen kultureller Sozialisation abhängig. Aufgrund der für menschliche Kulturgeschichte starken Wirkung, die solche meist zuerst von einzelnen erkannt-gefühlten freiheitserweiterten Erkenntnisse haben können, sprechen wir ihnen hier den Rang eines eigenen biokulturellen Existenzials zu. Warum das liebevolle Gefühl von Wahrheit bzw. Wahrhaftigkeit bzw. erweiterter Bewahrung tatsächlich eine ganz besondere menschliche Befreiungsqualität ist, dazu siehe etwas näher im letzten Teil des Anhangs.

4.7. Moralischer Sinn

Im vorigen Kapitel hatten wir das letzte oder „höchste" Chakra in Analogie zu moderner Informationsverarbeitung als Operatorsystem charakterisiert, welches alle anderen Programme organisiert und interpretiert. Die physio-psychologische Wirksamkeit der diesem Chakra zugeordneten kleinen Drüse, der Zirbeldrüse, ist tatsächlich stark und integrativ: Die relativ geringen Mengen von Neurohormonen, die sie emittiert, steuern die Aktivität aller anderen Drüsen und damit das gesamte menschliche Befinden, Fühlen und Verhalten.

Maslow bezeichnete diese höchste Schicht menschlicher Grundbedürfnisse als „Transzendenzbedürfnisse". Auch die indische Philosophie verbindet mit diesem Chakra die Wechselwirkung des Menschen mit dem gesamten Universum, der gesamten Schöpfung, dem Brahma, Prana bzw. Göttlichen; oder wie immer man das sich uns vermutlich nie ganz erschließende Gesamtsein bezeichnen mag. Akzeptiert man, dass sowohl das indische Brahma mit Prana, als auch das europäische Göttliche oft mit besonderer Art von „Licht" verbunden wird, so gewinnen einige experimentelle Erkenntnisse der modernen Wissenschaft eine besondere Bedeutung.

Es wurde entdeckt, dass die Zirbeldrüse von Säugetieren lichtempfindlich ist und über den Ausstoß von Melatonin u.a. den gesamten Tag-Nachtrhythmus des Organismus steuert. In herkömmlichen Theorien wird angenommen, dass die Stäbchen- und Zapfenrezeptoren (beides Sinneszellen) in der Netzhaut alleine für die Aufnahme der Lichtinformation verantwortlich sind und dass die Unterdrückung der Melatoninausschüttung der Zirbeldrüse ebenfalls über diesen herkömmlichen Mechanismus funktioniert. Vor einiger Zeit beschrieben Lucas et al. (1999) in einen Artikel des „Science" Magazins mehrere Versuche, die sie mit Mäusen durchführten, denen die Gene für die Lichtsinneszellen der Netzhaut fehlten. Die Versuche ergaben, dass bei diesen Mäusen, denen die Gene für Stäbchen und Zapfen fehlten, die lichtabhängige Unterdrückung der Melatoninausschüttung der Zirbeldrüse unbeeinflusst blieb. Das heißt, dass auch Mäuse ohne Lichtsinneszellen in der Netzhaut in der Zirbeldrüse normal auf die Lichtinformation ansprechen. Die Autoren waren außerstande, zu erklären, wie die im mitten Schädel verborgene Zirbeldrüse normal auf Licht reagieren konnte. Sie schlugen die Annahme der Existenz „unkonventioneller Photorezeptoren" vor, d.h. von Lichtsinneszellen, die weder Stäbchen noch Zapfen und doch in der Lage sind, „nicht-bildhafte, nicht-visuelle" optische Signale zu verarbeiten. Dies ist auch insofern nicht unwahrscheinlich, als die Zirbeldrüse ähnlich wie die Netzhaut des Auges aufgebaut ist und daher auch „gefaltete Netzhaut" genannt wird.

Auch andere Forschungen zeigen, dass Lichtquanten nicht nur einfach Lichtenergie, sondern auch dieser auf noch unbekannte Weise aufmodulierte hochkomplexe Informationen übertragen können (Popp 1984, Bischof 1999). Es ist daher nicht unwahrscheinlich, dass sich durch die Hormon- und Emotionssteuerungen der Zirbeldrüse nicht nur die Tag/Nachtsteuerung, sondern auch weitere hochkomplexe Wechselwirkungen zwischen Mensch und Natur vollziehen.

Auch aus anderen Naturwissenschaften kommen spannende interdisziplinäre Hypothesen dazu, inwiefern das menschliche Gefühl für Sinn bzw. moralische Verantwortung mit universellen, physikalischen nachvollziehbaren Grundstrukturen des Kosmos korrespondiert (Laszlo 2000; Markert et al. 2005).

In Anknüpfung an die indische Philosophie, an Maslows Bedürfnispyramide und andere ähnliche Denkansätze bezeichnen wir dieses Existenzial als „Transzendenz“ bzw. „Moralgefühl“ bzw. „moralischer Sinn“.

Seit der Trennung zwischen Wissenschaft und Moral bzw. Glauben führen diese Begriffe ein Randdasein in der modernen Forschung. Dies betrifft nicht so sehr den abstrakten Begriff „Sinn“. Unter Bezug auf soziologische Vordenker wie Max Weber weisen auch neuere Soziologien, so die einflussreiche soziale Systemtheorien von Niklas Luhmann (1988), dem Begriff Sinn eine zentrale Rolle zu, allerdings in einer rein operationstheoretischen, von jeglichem Gefühl entleerten Form.

Andererseits zeigen psychologische Untersuchungen, wie sie insbesondere von Viktor Frankl und Mihaly Csikszentmihalyi durchgeführt wurden, dass auch bei modernen Menschen ein sehr starkes Bedürfnis und Gefühl für einen übergreifenden Sinn des Lebens existiert und ihr gesamtes Denken und Tun stark beeinflusst. Sowohl positiv, d.h. Menschen mit einem ausgeprägten Gefühl für den Sinn ihres Lebens verfügen über eine besondere Art von Urvertrauen, Lebensfreude, selbstloser Aktivität und Frustrationstoleranz; als auch negativ, d.h. Menschen, denen ihre Kultur ein solches persönliches Sinngefühl verwehrt, haben ein höheres Maß an Angst, Macht- und Sicherheitsbedürfnissen sowie Depressionen (Frankl 1986; Csikszentmihalyi 1995).

Da sich bisherige kulturelle Sinnsysteme, wie traditionelle Stammes- oder große Weltreligionen als kaum durchschaubarer Mix von Sinngefühlen, Physisinteressen, Sexus- und Machtemotionen etablierten und daher immer wieder auch freiheitszerstörende Wirkungen und Strukturen erzeugten, verzichten moderne, auf Freiheit bedachte Menschen oft lieber auf die „Sinnfrage", als sich mit undurchschaubaren Antworten zufrieden zu geben. Auch eine solche, oft mit neoliberalen oder materialistischen Weltbildern verbundene Antwort ist jedoch eine Antwort: eine existenziales Operatorsystem, welches sich mangels transpersonaler Werte auf die Durchsetzung materieller sowie persönlich-egozentrischer Existenziale, Emotionen und Interessen beschränkt.

Da damit jedoch für eine nachhaltige Zukunft vielleicht entscheidende Gefühlskräfte paralysiert sind, stellt sich die Frage nach einem modernen, freiheitsfördernden „Sinnmedium" (Heinrichs 1997; 2005). Aller Voraussicht nach geht es dabei um eine neuartige, bisher kaum herausgebildete Integration von konkreter kritischer Erkenntnis und freier, vielfältiger Transzendenz bzw. „Religiösität". Unter den Stichworten „Ichfreiheit", „Aperspektivität" und „integrales Bewusstsein" wurden Ansätze dazu vom europäischen Kulturwissenschaftler Jean Gebser (1973) und dem indischen Philosophen Sri Aurobindo Ghose (1984) herausgearbeitet. Deren Spur wird gegenwärtig vor allem durch die amerikanische „integral theory" aufgenommen und konkretisiert (Wilber 2000), allerdings unter weitgehender Vernachlässigung der bei diesen beiden Vordenkern integrierten Gefühlskomponenten.

Den meisten modernen Sinnkonzepten mangelt es an einer Betonung und so Befreiung des Gefühls. Daher ist es hilfreich, dafür an andere Ansätze anzuknüpfen. Die frühesten und nach wie vor in vieler Hinsicht treffendsten Hervorhebungen dieser erstaunlichsten menschlichen Gefühlskraft finden sich beim französischen Mathematiker Blaise Pascal und beim englischen Aufklärer

Shaftesbury. Ersterer stellt der aus seiner Sicht beschränkten Logik des Verstandes eine viel weiterreichende Logik des Herzens gegenüber. Während erstere die Wirklichkeit begrifflich strukturiert und ihr dabei aber oft abstrakte Konstruktionen überstülpt, kann die andere, einfühlende Fähigkeit ganz konkrete, komplexe und flexible Situationen erfassen und mitteilen.

Eine ähnliche Qualität beschreibt Shaftesbury mit seinem „moralischen Sinn“ (moral sense). Er kritisiert die zu seiner Zeit aufkommende Theorie von Hobbes, wonach der „Mensch dem Menschen ein Wolf“ ist und nur um sein eigenes Überleben kämpft. Das menschliche Leben beginnt und entwickelt sich immer aus der Beziehung zwischen Mutter und Kind, daher muss der Mensch mit sozialen Gefühlen begabt sein. Dabei hebt er als wichtigstes und für menschliches bzw. gesellschaftliches Leben entscheidendes Gefühlsvermögen das sittliche oder moralische Gefühl (moral sense) hervor. Dieses ermöglicht eine Balance zwischen dem eigenen Wohl und dem Wohl der Gemeinschaft. Es versetzt den Menschen in die Lage, all seine anderen eigenen Gefühle und Neigungen zu reflektieren und diese einem positiven oder negativen Werturteil zu unterziehen (Meier-Seethaler 2001: 34ff.).

Eine Aktualisierung dieses moralischen Sinns findet sich bei Hans Jonas. Aus Sorge um die durch die Illusion beliebiger Machbarkeit sich ökologisch selbst gefährdende Menschheit kommt er zu einen im Gefühl gründenden Begriff von Verantwortung. Ähnlich wie Albert Schweizers Ethik der Ehrfurcht vor dem Leben geht er davon aus, dass die Bewahrung des Lebens ein nicht hintergehbarer und jedem Menschen intuitiv wahrnehmbarer letzter Zweck allen menschlichen Handelns ist. Diese Bewahrung des Lebens ist ein Gebot der Vernunft und muss als solches rational begriffen werden. Dieses allgemeine menschliche Potenzial der Moral realisiert sich jedoch weniger durch Denken als durch Fühlen:

„... die Kluft zwischen abstrakter Sanktion und konkreter Motivation muss vom Bogen des Gefühls überspannt werden, der allein den Willen bewegen kann." (Jonas 1979:164).

Einige neuere wissenschaftliche Begründungen, warum tatsächlich nur die Logik des Herzens oder der Liebe, bzw. das moralische Gefühl den Menschen befähigt, all seine anderen Emotionen und damit auch seinen eigenen Willen zu organisieren, d.h. frei zu sein, siehe im Anhang. Diese Klärungen der inneren Wirkungsweise des moralischen Sinngefühls erscheinen uns wichtig. Dieses „höchste der Gefühle" unterliegt wie alle Existenziale einer jeweils konkreten kulturellen Kodierung. Diese kann in fast gegensätzliche Tendenzen ausschlagen: Das Sinngefühl kann als undurchschauter „Glaube" alle anderen Emotionen für mehr oder weniger progressive oder regressive Ideale oder Machtinteressen formieren. Die ambivalente Wirkung fast aller großen Religionen begründet sich letztlich in der emotionalen Kraft dieses moralischen Gefühls. Wird es jedoch zunehmend als „Logik des eigenen Herzens" (Pascal) bzw. als „innere Stimme" (C.G.Jung) des allverbundenen Universums erkannt und erlernt, kann es zu einem entscheidenden Medium einer solidarischen und ökologischen Welt werden.

II. Gefühle und Innovationen

5. Gefühle und Geschichten

Die an modernen Begriffen orientierte soziologische Zeitschrift „Soziale Systeme" widmete 2004 eine ganze Ausgabe der Soziologie der Emotionen, allerdings mit einer ernüchternden Feststellung:

„Niemand wird wohl bestreiten, dass emotionale Faktoren im sozialen Geschehen eine bedeutsame Rolle spielen. Angst, Wut, Freude oder Begeisterung können sich epidemieartig ausbreiten und das kollektive Denken und Verhalten tiefgehend beeinflussen. Viele historische Ent- und Verwicklungen lassen sich ohne die Berücksichtigung von kollektiven Emotionen nicht hinreichend verstehen … . Ungeachtet dieser und anderer Ansätze spielen Emotionen im soziologischen Diskurs bloß eine marginale Rolle. ´Forschungslücke´, stellte Luhmann dazu hierzu lakonisch fest. Dies dürfte nicht nur mit den methodologischen Schwierigkeiten der Erfassung von Gefühlen, sondern auch mit den vielen Unklarheiten zusammenhängen, die bezüglich des Stellenwerts von Emotionen ebenfalls im psychologischen und biologischen Bereich existieren. Auch der inter- und intradisziplinär nach wie vor fehlende Konsens darüber, was eine Emotion genau sei und ob es so etwas wie ´kollektive Gefühle´ überhaupt gäbe, trägt zur herrschenden Konfusion bei. Allgemein fehlt es nicht nur an einem klaren Verständnis des Wesens von affektiven Zuständen und deren Wirkungen auf Denken und Verhalten, sondern überhaupt an einer adäquaten wissenschaftlichen Sprache und Konzeptualisierung von affektiven Phänomenen als Basis für jeglichen Erkenntnisfortschritt." (Ciompi 2004: 21f.).

Dank einer sozial-ökologischen Theoriekontroverse (siehe Anhang) entwickelten wir in den obigen Kapiteln einen trichotomischen Denkansatz, welcher die zentrale Bedeutung von „kollektiven“ bzw. „gesellschaftlichen Gefühlen“ für individuelle wie gesellschaftliche Entwicklungen erklärbar macht. Um dies theoretisch fassbar zu machen, entschieden wir uns für innovative Konzeptualisierungen, z.B. für die Begriffe „biokulturelle Matrix“ und „zentrale emotionale Existenziale“. Auch wenn die bisher nur sehr beschränkt mögliche Forschungsarbeit dazu noch in all ihren Details zu entfalten ist, lassen sich aus dem bisherigen Ansatz einige interessante Schlüsse für gesellschaftliche Entwicklungen allgemein und für nachhaltige Innovationen insbesondere ziehen.

Wie bei der Beschreibung der ersten beiden Existenziale angedeutet, verleitet das existenziale Bedürfnis nach möglichst einfach vorstellbarer Welterkenntnis und die insbesondere in Mangelsituationen offensichtliche „Durchschlagskraft“ basaler Existenziale immer wieder zu einseitig naturalistischen Interpretationen von gesellschaftlichen Entwicklungen. So gibt es primär das Physisexistenzial betonende materialistische Geschichtsauffassungen – von alten Griechen wie Demokrit, über marxistisch-, bis zu neoliberal-ökonomistischen Gesellschaftstheorien. Es gibt die bei Sigmund Freud und Wilhelm Reich zu findende Sexus-betonte Kulturauffassung. Es gibt moderne Theorieansätze – so z.B. Michael Foucault – die vor allem die Machtdetermination aller Kultur betonen. Es gibt Geschichtsbilder, welche die kulturelle Evolution der Liebe hervorheben – so Teilhard de Chardin oder Erich Fromm; und dabei insoweit einen wahren Punkt treffen, als Liebe bzw. Mitgefühl das evolutionäre Ausgangsgefühl seiner existenzialen Erweiterungen im sprachlich-kommunikativen Verstehen, im Erkenntnis und im Sinngefühl ist. Es gibt Theorien – wie die Theorie des kommunikativen Handelns von Jürgen Habermas oder andere moderne Sprachphilosophien – welche sprachliche Kommunikation als zentraler Modus moderner Gesellschaften deuten. Es gibt sogenannte Bewusstseinsphilosophien – z.B. die von Hegel –, welche das Primat geschichtlicher Entwicklung in fortschreitender Selbsterkenntnis des (menschlichen) Geistes sehen. Und es gibt nicht nur Religionen und Ideologien, welche dem Glauben bzw. Sinn eine zentrale gesellschaftsvermittelnde Rolle einräumen, sondern auch moderne soziale Systemtheorien, beispielsweise die von Niklas Luhmann – auch wenn deren verschiedene Sinnbegriffe nur beschränkt kompatibel sind.

Abgesehen davon, dass der systemtheoretische Sinnbegriff Luhmanns keinerlei emotionale Komponente aufweist und so wie viele andere moderne Theorien diese Tiefendimension gesellschaftlicher Selbstorganisation verdrängt, findet sich bei ihm ein Denkansatz, welcher die Mängel von einseitigen oder eindimensionalen Interpretationen kritisiert. Statt der Erklärung von Gesellschaft und Geschichte aus nur einem oder zwei Prinzipien – z.B. aus Materie oder Macht oder Ideen -, entwirft er im Anschluss an Talcott Parsons eine Theorie der selbstorganisierten Wechselwirkung mehrerer, nicht aufeinander reduzierbarer gesellschaftlicher Funktionssysteme. An der Luhmannschen Systemtheorie von Gesellschaft ist interessant, dass er unseren Existenzialen sehr ähnliche Funktionssysteme von Gesellschaften hervorhebt: Wirtschaft (Physis), Politik (Macht), Kommunikationsmedien (Sprache), Erkenntnis (Wissenschaft) und Religion bzw. Sinn generell.

Ohne hier im Detail auf die aufgrund ihrer komplexen Sicht in vieler Hinsicht bemerkenswerte Gesellschaftsinterpretation Luhmanns einzugehen, lässt sich aus dem hier entwickelten trichotomischen Denkansatz ein Grundsatzkritik an seiner Systemtheorie formulieren: Luhmann deutet die natürliche Umwelt (unsere Welt 1) als auch die emotionale Natur des Menschen (unsere Welt 2) als für die Selbstorganisation kultureller Systeme marginale Wirklichkeiten. Er hat zwar in gewisser Weise Recht damit, dass gesellschaftliche Systeme ihre Selbst- und Umweltbedeutungen im Rahmen ihrer internen Reproduktionen selbst erzeugen.

Doch in seiner trotz aller Komplexität rationalistisch eindimensionalen Systemsicht (welche nicht zufällig Sexus und Liebe keinen den Physis- oder Machtsystemen vergleichbaren Stellenwert einräumt; seine Intuition, dass sie offenbar dennoch bedeutsam sind, lässt sich dazu in externen Schriften äußern, in denen Liebe wiederum stark entnaturalisiert wird) findet er keinen Zugang und keinen Interpretationsrahmen für die existenzial-emotionale Tiefenkultur von Gesellschaften.

Ein anderer sozialphilosophischer Denkansatz, der versucht, strukturalistische als auch subjektivistische Vereinseitigungen zu vermeiden, findet sich in Anthony Giddens Theorie der Strukturierung. Er zeigt, dass gesellschaftliche Entwicklung nur aus dem Zusammenspiel beider Seiten erklärbar sind, dass institutionelle Strukturen menschliches Verhalten massenhaft organisieren, andererseits jedoch auch durch intentionales Verhalten geformt und verändert werden (Giddens 1997). Dieser Ansatz nähert sich einer integrativen Sicht, vermeidet jedoch den Schritt zur Integration von Emotionen und Gefühlen und verbleibt so innerhalb der Schranken rationalistischer Soziologie.

Welche Sicht auf Gesellschaft und Geschichte entsteht unter Voraussetzung der in den vorigen Kapiteln entwickelten trichotomischen Theorie mit ihrer Betonung der Natur und Kultur vermittelnden emotionalen Existenziale und ihrer biokulturellen Matrix?

Daraus ergibt sich zum einen, dass Gesellschaftssysteme durchaus eine eigenständige, selbstorganisierende, d.h. weder aus natürlicher Umwelt noch aus menschlicher Natur erklärbare Kulturgeschichte vollziehen.

Zum anderen aber wird verständlich, inwiefern sowohl Stabilität als auch Innovation von Kulturen nicht ohne ihre Verankerung in der biokulturellen Matrix zentraler emotionaler Existenziale erklärbar sind. Ähnlich wie die für Stabilität als auch Innovation von biologischen Arten fundamentale chemobiotische Matrix des Genotyps, so repräsentiert auch die biokulturelle Matrix ein tiefenstrukturelles Fundament, eine komplexe Kodierung primärer, existenzialer Emotionen. Diese sorgt dafür, dass Gesellschaften sich nur allmählich verändern, dass selbst sogenannte Revolutionen, wie z.B. die französische von 1789, die russische von 1917 oder die ostdeutsche von 1989, zwar andere gesellschaftliche Institutionen einführen, doch die existenziale, emotionale Tiefenkodierung noch lange Zeit dahin tendiert, die früheren Verhaltensweisen und Verhältnisse zu reproduzieren.

Um diese Kodierung gesellschaftlicher Fundamente im existenzial-emotionalen Potenzial im Detail zu verstehen, bedürfte es einer neuen Art von interdisziplinärer Forschung. Ähnlich wie wenige chemobiotische Stoffe (vier Basenpaare und 20 Aminosäuren) die ungeheure Vielfalt biologischer Arten kodieren, lässt sich die Vielfalt von Gesellschaftsformen vermutlich auf die Kodierung weniger biokultureller Existenziale zurückführen. Doch ähnlich wie der Genotyp-Kodierung einer biologischen Art nicht einfach diese wenigen Basen und Aminosäuren, sondern deren tausendfache Verkettungen zu hochkomplexen Genomen sind, so ist auch die Emotyp-Kodierung einer konkreten Gesellschaft nicht einfach in den wenigen Existenzialen, sondern nur in deren hochkomplexen Wechselwirkungen und Verkettungen zu finden. Die Psychologie hat hierfür Begriffe wie Verdrängung, Neurose, Sublimation u.a. Diese individualbezogenen Begriffe werden unserem gesellschaftlichen Erkenntniszweck jedoch nur beschränkt gerecht.

Ähnlich wie derzeit das sogenannte „Human-Genom-Projekt" versucht, die komplexe genetische Kodierung möglichst vieler Organe und Erbkrankheiten des menschlichen Organismus zu dechiffrieren, so könnte es eine lohnenswerte Aufgabe zukünftigen Wissenschaft menschlicher Gesellschaft sein, die komplexe emotionale Kodierung möglichst vieler geschichtlicher Institutionen als auch „Kulturkrankheiten“ zu entschlüsseln. Dies mag auf den ersten Blick Ängste einer möglichen freiheitsgefährdenden Manipulierbarkeit menschlichen Verhaltens auslösen, ähnlich wie beim Human-Genom-Projekt. Doch bei letzterem wird trotz entsprechend überzogener Ansprüche bereits jetzt sichtbar, dass die konkrete Übersetzung der gesamten Erbinformation in organismische Organbildungen nicht gelingen wird – die chemobiotischen Wechselwirkungen sind trotz der wenigen Ausgangsstoffe einfach zu komplex, und möglicherweise auch mit noch komplexeren nichtbiologischen, überorganismischen Informationsfeldern verkoppelt (Sheldrake 1998). Wenn das Human-Genom-Projekt jedoch praktikable Erkenntnisse für die Heilung biologischer Erbkrankheiten liefert, dürfte es im Sinne mitfühlender Erkenntnis gerechtfertigt sein.

Auch für die möglicherweise irgendwann beginnende wissenschaftliche Neugier emotionaler Selbsterkenntnis des Menschen lässt sich annehmen, dass eine vollständige emotionale Entkodierung der hochkomplex verketteten biokulturellen Matrix konkreter Familien-, Staaten- und Weltkulturen nicht möglich ist. Was gelingen könnte und im Sinne nicht nur des ökologischen Überlebens moderner Gesellschaften, sondern auch der Erweiterung menschlicher Freiheit anstrebenswert ist, wäre die Entkodierung von „Kulturkrankheiten“ wie Kriege, Vergewaltigungen und andere Kriminalitäten, bis hin zur Erkenntnis und Befreiung der emotionalen Grundlagen moderner Naturzerstörung trotz besseren Wissens.

Da eine solche Erforschung gesellschaftlicher Emotionen und Gefühle bisher nicht existiert, lassen sich aus den oben entwickelten Ansätzen einer kritischen Heuristik gesellschaftlicher Gefühle nur einige wenige abstrakte Schlussfolgerungen für das Verständnis der Wechselwirkung von emotionalen Existenzialen, biokultureller Matrix und gesellschaftlicher Geschichte ziehen.

Die Art und Weise sowie Intensität, mit der bestimmte Existenziale bzw. Emotionen und Gefühle im System einer konkreten Gesellschaft kodiert zur Geltung kommen und so einerseits deren offiziellen Werte und andererseits deren oft verborgene Tiefenpsychologie ausmachen, lässt sich nicht aus diesen Emotionen selbst, sondern nur kulturgeschichtlich verstehen. Unter Bezug auf entsprechende Forschungsergebnisse (Gebser 1973; Mumford 1987; Elias 1991) gehen wir dabei nicht nur von einer Veränderung der gesellschaftlichen Werte und Tiefenpsychologien, sondern auch von gewissen, durchaus widersprüchlichen Entwicklung ihrer Komplexitäts- und Freiheitsgrade aus.

Frühe Stammesgesellschaften organisierten sich in weitgehender Anlehnung an natürliche Gegebenheiten. Mittels erster selbsterzeugter kultureller Symbole wie Mythen, Totems und Tabus wurden primäre Emotionen verstärkt oder gehemmt und aus deren Variation neue, über die biologischen Antriebe hinausgehende emotionale Komplexe der gesellschaftlichen Bindung, Struktur und Kommunikation gebildet. So wie sich diese Gesellschaften in relativ naturnahen Sozial- und Wirtschaftsformen organisierten, so waren auch ihre existenzialen Emotionen relativ naturnah, d.h. deren kulturelle Kodierung benötigte im Vergleich zu späteren Gesellschaftstypen relativ wenige Verdrängungen bzw. Sublimationen. Eine solches Bild zeigte sich zum Beispiel bei den Feldstudien von Bronislaw Malinowski über „das Geschlechtsleben der Wilden“ (1930). Die aufgefundenen Relikte solcher Gesellschaften deuten darauf hin, dass in relativ bedrohungsfrei lebenden frühen Kulturen die Gefühle der Liebe – ob in der Betreuung der Kinder, in den Begegnungen der Geschlechter oder in gesellschaftlichen Entscheidungsfindungen – einen relativ hohen Stellenwert einnahmen (Göttner-Abendroth 1988).

Später, mit der Herausbildung von Hochkulturen bzw. staatlich organisierten Gesellschaften (Eder 1980) entstanden andere, sich von den naturnahen Organisationsformen stark unterscheidende emotionale Kodierungen, Wertgefüge und Tiefenpsychologien. Eine trotz zunehmender sozialer Hierarchisierung für die stabile Existenz des gesellschaftlichen Ganzen ausschlaggebende existenziale Identität großer Menschenmengen gelang da, wo deren vielfältige Emotionen und Gefühle in ein übergreifendes Sinn- bzw. Operatorsystem (siehe oben) integriert waren. Je nach ursprünglicher Konstitution dieser Gesellschaften aus mehr friedlichen oder mehr kriegerischen Umständen hatten diese „Götter" einen mehr macht- oder mehr liebevollen Charakter. Oft war, wie im Falle der jahrtausendelang erfolgreichen ägyptischen, chinesischen, jüdischen, christlichen oder islamischen Religionen, beides sehr eng, damit aber auch entsprechend ambivalent befreiungswirksam, in einem Symbol – so Tao, Gott oder Allah – verbunden. Andere ähnlich erfolgreiche Kulturen, wie der indische Hinduismus oder die griechische Mythologie, fanden offenere, eine größere Vielfalt ermöglichende Lösungen mit mehreren „Göttern".

Die meist von besonderen Kulturschichten in Klöstern relativ abgeschieden vom alltäglichen Leben tradierten theologischen Wertgefüge ermöglichten eine gewisse Reflektion derselben. Daraus erwuchsen immer wieder Deutungs- und Machtkonflikte zwischen denjenigen Subjekten, welche die zentralen emotionalen Kodierungen, Sinn- bzw. „Operatorsymbole" an einen für menschliche Einflüsse unerreichbaren transzendenten Gott banden, und denen, die diese zentralen Sinngefühle als innere, so auch von freien menschlichen Entscheidungen abhängige Qualitäten deuteten.

In der Geschichte des Christentums entluden sich solche theologischen Differenzen beispielsweise nach dem Abendländischen Schisma von 1054 in gewaltsamen Kreuzzügen oder Pogromen gegen die Katharer. Infolge der durch die Kreuzzüge intensivierten östlich-arabischen Kulturimpulse wuchsen die Zweifel an der Wahrheit der einen, hierarchisch-dogmatischen Kirche. Konsequenz war die Individualisierung des Glaubens in der Reformation, später die sogenannte Aufklärung. Diese an frühere griechische Philosophien anknüpfende Befreiung von religiöser Vormundschaft bewirkte nicht nur eine erweiterte Selbstbewusstwerdung des Menschen, sondern auch die rechtlich-institutionelle Verankerung zentraler menschlicher Gefühlskräfte als universelle Menschenrechte.

Die sowohl in der Reformation (Weber 1996) als auch in der philosophischer Aufklärung vollzogene Loslösung des alltäglichen Handelns von wenig durchschaubaren, daher leicht missbrauchbaren Sinngefühlskodierungen ermöglichte eine Aufwertung von Naturwissenschaft und Technik. Naturwissenschaft übernahm zunehmend auch die Funktion der Welt- und Sinnerklärung. Um sich gegen kirchlichen, königlichen oder ideologischen Machtmissbrauch im Namen einheitlicher Moral- und Sinnkodierungen abzugrenzen, etablierte die von Gefühlen der Freiheit ausgehende Bürgerschaft eine gegenteilige Ideologie: Vom sinnlichen Alltag abgehobene transzendente Liebes- und Sinnkodierungen wurden suspekt. Der freie Wettbewerb möglichst vielfältiger Sichtweisen, Gefühle, Interessen und Produkte erhielt fast den Status eines existenzialen Sinnsystems. Die sich durch die Befreiung von religiösen Dogmen sprunghaft entfaltende Naturwissenschaft diente nicht nur zur naturwissenschaftlichen Erforschung und Entwicklung effektiverer Produktionsmitteln, sondern übernahm, z.B. mit Hilfe von Charles Darwins Evolutionstheorie des Überlebenskampfes, mehr oder weniger auch die Legitimationen für emotionale Komplexe, in denen die Existenziale der Physis und Macht (Konkurrenzemotionen, Überlebensängste etc) gegenüber den durch ihre religiöse Einbindung verdächtigen Existenzialen von Liebe und Sinn bevorzugt wurden.

Der zunehmende wirtschaftliche Erfolg dieser technischen Zivilisation ermöglichte in den Gesellschaften, die auch die höheren Gefühle als allgemeine Menschenrechte konstitutionell verankert hatten, eine relative Demokratisierung von Macht und Wohlstand. Inzwischen zeigen sich jedoch die ökologischen Schattenseiten einer die „höheren" bzw. komplexer integrativen Gefühle gegenüber den physischen Existenzialen vernachlässigenden Kultur. Allmählich verbreitet sich sogar in führenden Kreisen dieser modernen Zivilisation die Erkenntnis, dass man das ökologische Zukunftsproblem nicht einfach mit den – primär physischen und macht- bzw. konkurrenzorientierten – Mitteln, Emotionen und Werten lösen kann, die es verursachten. Man beginnt zu ahnen, dass es einer grundsätzlicheren Innovation der Gefühle von Menschlichkeit und Zukunftsfähigkeit bedarf (Hauff 2004). Der wegen seines geistigen Mutes geadelte moderne Sozialphilosoph Ralf Dahrendorf formuliert dies so:

„Es gibt Gründe für die These, dass mehr Menschen mehr Lebenschancen haben als je zuvor. Was bei solchen Aussagen allerdings zu kurz kommt, ist die Welt ohne Halt. Lebenschancen haben nur dann Sinn, wenn die Optionen eingebettet bleiben in Koordinaten der Solidarität, der Zugehörigkeit und der Zusammengehörigkeit. Wenn die Gesellschaft zerfällt und Anomie einsetzt, werden alle Wahlmöglichkeiten zunichte (Dahrendorf 2003: 148).

Angesichts der Komplexität der gegenwärtigen globalen Problemlagen ist nicht davon auszugehen, dass ein bloßes Wiederherstellen von früheren, mythologisch-religiösen Macht-, Liebes- und Sinnkodierungen problemlösend wirkt. Weder von einseitig naturalistischen Sehnsüchten, welche vor allem die Wiederherstellung unberührter Natur und/oder zivilisatorisch unterdrückter natürlich-menschlicher Lebenstriebe ersehnen, noch von neuen religiösen oder objektiv-idealistischen Ideologien, welche die Wiederbelebung von Gottesfürchtigkeit erhoffen, noch von Vertretern einseitig technischer Lösungen ist die Entwicklung wirklich zukunftsfähiger gesellschaftlicher Gefühle und Sinnkodierungen zu erwarten.

Daraus folgt jedoch nicht, dass diese historischen Kodierungen der biokulturellen Matrix zentraler Existenziale, die jeweils langen Menschheitsepochen konstruktiv zugrunde lagen, in all ihren Momenten überholt sind. Es gibt Denkansätze, welche in innovativen Synergien bestimmter effizienter Qualitäten all dieser historischen Gefühlsformationen mögliche Auswege aus der sich ökologisch selbst gefährdenden modernen Gesellschaft, d.h. Perspektiven für neue, differenziertere und zugleich integrativere Balancen zwischen Natur, Mensch und Kultur sehen (z.B. Gebser 1973). Von da aus ergeben sich spannende Brücken zu Innovationsansätzen, welche nicht nur effektivere Techniken, sondern auch neue, freiere Verhaltensmuster und Institutionen als Voraussetzung einer nachhaltigen Transformation moderner Gesellschaften vermuten.

6. Nachhaltige Innovationen und Subjekte

Die modernen Industriestaaten haben in den letzten Jahrzehnten viel für die Verbesserung ihrer unmittelbaren Umweltsituation unternommen. Umwelttechniken, Umweltämter, Umweltsteuern, Umweltwissenschaften, Umweltbildung etc. wurden etabliert. Wasser, Luft, Boden und eine Vielzahl von Tier- und Pflanzenarten konnten sich regenerieren. Dennoch wird – durch Ozonlöcher, schmelzende Gletscher und andere sich ankündigende globale Umweltveränderungen – zunehmend sichtbar, dass diese nationalen Maßnahmen nicht ausreichen. Seit der UN-Konferenz 1992 in Rio de Janeiro rückt daher unter dem Begriffen „Sustainability“, „Nachhaltigkeit“ oder „Zukunftsfähigkeit“ ein neue, erweiterte Problemsicht allmählich in den Blickpunkt der Öffentlichkeit.

Es wurde festgestellt, dass der globale Ressourcenverbrauch die regenerativen Fähigkeiten der Erde bereits überschritten hat (Wackernagel et al. 2002; Meadows 2004). Das Wachstum der den westlichen Arbeits-, Wirtschafts- und Lebensmodellen nacheifernden „neuen Konsumenten“ in den Entwicklungs- und Transformationsländern steht jedoch erst am Anfang. Der „ökologische Fußabdruck“, d.h. der durchschnittliche Ressourcenverbrauch und Abfall des als weltweites Vorbild dienenden Bürgers der ersten Welt, so auch des deutschen Durchschnittsbürgers, ist ca. 3-fach zu hoch für ein zukunftsfähiges Leben aller Menschen auf dieser Erde. Wirtschaftlich-technische Innovationen für mehr Stoff- und Energieeffizienz sind weiterhin notwendig, jedoch offenbar nicht hinreichend, da sie bisher durch Reboundeffekte eines verstärkten Konsums, durch größere und von weniger Personen genutzte Wohnflächen, durch mehr, größere und von weniger Menschen genutzte Autos etc. (Guggenbühl 2005) aufgehoben werden.

Es gibt sogenannte Szenarien, die beschreiben, was je nach politischen, wirtschaftlichen und soziokulturellen Weichenstellungen in einigen Jahrzehnten mit bestimmter Wahrscheinlichkeit auf dieser Erde geschehen könnte. Wenn einfach alles so weitergeht wie bisher, d.h. primär wirtschaftliche Interessen wie Kapitalverwertung und Maximalkonsum das Denken, Fühlen und Handeln von immer mehr Menschen bestimmen, wird das Meerwasser der schmelzenden Gletscher viele Küsten überfluten, werden viele natürliche Ressourcen in absehbarer Zeit erschöpft sein, werden kriegerische Kämpfe um Erdöl, Trinkwasser u.a. sich in fast allen Regionen der Erde verstärken. Wenn in absehbarer Zeit globalpolitische Rahmensetzungen für ein ökologisch begrenztes Wirtschaftswachstum in allen Regionen der Erde gelingen, könnte diese unschöne Zukunft hinausgezögert, jedoch vermutlich nicht wirklich vermieden werden. Daher kommen das internationale Expertenteam dieser Szenario-Studie (Raskin et al. 2003) zum Schluss, dass es einer grundlegenderen Transformation der modernen Institutionen und Lebensstile bedarf, damit auch in 100 Jahren noch lebenswertes menschliches Leben auf der Erde existieren kann.

Bei der Überlegung, wie sich ein solcher tiefgreifender Wandel vollziehen könnte, stellen sie fest, dass es neben internationalen wirtschaftlichen, politischen und zivilgesellschaftlichen Kräften dazu noch einer weiteren, „vierten Kraft" bedarf. Diese sei weniger greifbar, gäbe jedoch letztlich den Ausschlag. Sie vermuten diese innovative Kraft in einer wachsamen Öffentlichkeit, der die Notwendigkeit von Veränderungen und neuen Werten bewusst ist und die auf mehr Lebensqualität, menschliche Solidarität und ökologische Nachhaltigkeit achtet.

Wie bereits im vorigen Kapitel ausgeführt, kann ein solcher grundlegenderer ökologischer Wandel der modernen Lebensstile kein einfaches „Zurück" zu früheren Wirtschafts- und Gesellschafts-, d.h. auch Gefühlsformationen sein. Auch wenn die historische Entwicklung hin und wieder, wie zum Beispiel nach dem Zusammenbruch des römischen Weltreichs, zu kleineren, weniger komplexen Wirtschafts- und Gesellschaftsstrukturen zurückkehrte, war dies mehr ein Luft holen für eine neue, damals nach Rom vorwiegend christlich-religiös gestimmte Komplexität. Um eine solche geschichtliche Entwicklungstendenz zu erklären, braucht es keine abstrakte Logik der Geschichte. Mit Hilfe unserer trichotomischen Heuristik, welche biokulturellen anthropogenen Existenzialen einen sowohl stabilisierenden als auch innovierenden Einfluss auf gesellschaftliche Strukturen zubilligt, ist verständlich, dass nicht nur die emotionalen Kodierungen von Hunger oder Macht, sondern auch die Gefühle von Liebe, Verstehen, Erkenntnis und Sinn gesellschaftliche Entwicklungen mitbestimmen. Doch wie lässt sich ein stärkerer Einfluss dieser „höheren" menschlichen Gefühle auf menschheitliche Zukunft denken und realisieren?

Offene, vielfältig-komplexe und kommunikative Gesellschaften sind nicht einfach durch Vorgaben religiöser, politischer oder technischer Art wandelbar. Erst ihre widersprüchlichen offenen Diskurse erzeugen jene Bedeutungen, die Dinge als „natürlich", „göttlich", „technisch" oder „menschlich" gelten lässt (Hirsch Hadorn 2000). Dies verleitet manchen postmodernen Denker zur gegenteiligen Auffassung, dass natürlichen und menschlichen Realitäten außerhalb dieser kulturspezifischen Diskurse keine eigenständige gesellschaftliche Wirkung zuzusprechen ist. Aus der Analogie zwischen biologischer und sozial-ökologischer Trichotomie ergab sich in den ersten Kapiteln dieses Buches ein Denkansatz, welcher naturalistische bzw. biologistische Verabsolutierungen ebenso vermeidet wie soziozentrische bzw. kulturalistische Erklärungsschwierigkeiten. Die eine biokulturelle Matrix aller kulturell-gesellschaftlichen Selbstorganisation bildenden anthropogenen Existenziale sind in sich selbst sowohl natürlich als auch kulturell geworden und geprägt. Während die frühen Existenziale – Physis, Sexus und Macht – diese Brücke mehr auf Seiten der Natur verankern (ohne deshalb kulturunabhängig zu existieren), ist die Wirkung der späteren Existenziale – Liebe, Sprache, Erkenntnis und Sinn/Glaube – stärker kulturabhängig (nichtsdestotrotz auf entsprechenden natürlichen Gefühlsanlagen beruhend).

Da die stärksten Pfeiler dieser Brücke in der Mitte, in den Existenzialen der Macht und der Liebe zu finden sind, gebührt dem Spiel dieser stärksten Natur-Kultur-Kräfte besondere Aufmerksamkeit. Beide Existenziale können sich die anderen zu Nutze machen: materiell-technische Mittel, Sexus, Sprache, Erkenntnis und Glaube können ebenso sehr den Interessen von Macht bzw. Anerkennung, wie den Qualitäten der Liebe bzw. des Mitgefühls dienen. Dass die zweite Variante, die Selbsterkenntnis, Kommunikation und Effektivierung von Liebe, Verstehen und Erkenntnis in sowohl ökologischer als auch menschlicher Hinsicht letztlich konstruktiver und erfolgreicher ist als die Effektivierung von Macht, dafür gibt es ermutigende kulturgeschichtliche Hinweise (siehe z.B. Sauer-Sachtleben 1999).

Auf diese zweite Weise, mittels Liebe, Sprache und Erkenntnis, geschieht eine Art reflexive Selbstbegegnung von Kultur und Natur im „Innenraum" des Menschlichen. Wenn so die Kultur des Menschen ihrer Natur bzw. die Natur in der Kultur sich selbst inne wird – ob in der Kommunikation mit dem Du der anderen oder des eigenen Ich (Buber 2005) – ereignet sich eine gewisse Vermenschlichung des Menschen. Dies geschah in bisherigen Geschichten eher zufällig, bewirkte jedoch dann, wenn es auf gesellschaftlichen Wandlungsbedarf traf – wie bei der Entstehung großer Religionen oder moderner, aufgeklärter Ethiken und Menschenrechtsdeklarationen – erstaunliche gesellschaftliche Transformationen.

Daher kann es sich zukunftsorientierte Wissenschaft zur Aufgabe machen, die Entfaltungs- und Wirkungsbedingungen dieses komplexen menschlichen Innovationspotenzials konkreter zu erforschen und dadurch intensivere, vielfältiger wirksame menschliche Selbstentscheidungen ermöglichen. In einer freien, offenen Risikogesellschaft (Beck 1986) kann politische oder kirchliche Macht keine moralischen Gefühle bzw. normativen Werte setzen oder gar durchsetzen. Wissenschaft jedoch kann die Entstehungs- und Wirkungsweisen verschiedener Werte analysieren und rationale Begründungen für alternative „wenn ... dann ..." Relationen menschlichen Handelns liefern (Kopfmüller 2001: 347ff.).

Wie die letztlich weltverändernden Wirkungsgeschichten der christlichen Liebesbotschaft oder der modernen Menschenrechte zeigen, vermögen die scheinbar schwachen biokulturellen Gefühlskomplexe von Liebe, Verstehen, Erkenntnis und Sinn selbst institutionell erstarrte Machtemotionen, -interessen und -bastionen zu verändern.

Da ein solcher Vergleich des gegenwärtigen ökologischen Wandlungsbedarfs moderner Gesellschaften mit den bedeutendsten menschheitlichen Innovationen vielleicht eher ent- als ermutigt, lassen sich diese Zusammenhänge auch anhand bescheidenerer Innovationsmöglichkeiten des Alltages aufzeigen.

Gesellschaftliche Veränderungen aller Art sind meist Synergien von technischen, institutionellen und mental-emotionalen Verhaltensveränderungen. Der österreichische Ökonom Joseph Schumpeter wies darauf hin, dass insbesondere die Einführung von technischen oder organisatorischen Innovationen mit vielen Risiken verbunden sind und daher bei innovativen Prozessen den Qualitäten der Akteure eine zentrale Bedeutung zukommt. Zu ähnlichen Erkenntnissen kommt der amerikanische Managementexperte Warren Bennis. Durch den Vergleich von 10 starken Innovationen des 20. Jahrhunderts – so u.a. der Entwicklung von Disney-World, der Erfindung des Personalcomputers bei Apple, der Entwicklung des Internets und des Wahlsieges von Bill Clinton – stellte er fest, dass deren Erfolgsgeheimnis immer in einer optimalen Synergie von technischer Kompetenz, persönlicher Führungsqualität und offener, solidarischer Kommunikation bestand.

Auf einer ganz anderen Ebene als diese in ihrer Art jeweils hervorragenden wirtschaftlichen und gesellschaftlichen Innovationen finden sich noch alltäglichere Beispiele dafür, wie von Gefühlen der Liebe, Kommunikation, Erkenntnis und universellen Mitverantwortung geleitete Akteure nachhaltig wirksame Innovationen umsetzen können.

Ausgelöst durch die zunehmend sichtbaren Grenzen eines vorwiegend materiellen Wachstums von Wirtschaft und Konsum mehren sich in allen Teilen der Welt und in allen Schichten der Bevölkerung vielfältigste Versuche, das eigene Leben, Arbeiten und Konsumieren nachhaltiger zu gestalten. Einen gewissen Überblick über die auffallenderen Innovationen dieser Art bieten Robert Jungks Bücher über Zukunftsmodelle (1993), Ulrichs Grobers Buch „Ausstieg in die Zukunft“ (1998) und andere Sammelbände (z.B. Eurotopia 2004). In jüngster Zeit mehren sich auch Ansätze dafür, von Arbeitslosigkeit betroffene Menschen und Kompetenzen nicht als gesellschaftlichen Verlust, sondern als freigesetztes Potenzial für integrative Zukunftsforschung zu verstehen (Bahro 1997; Bergmann 2004).

Die ökologisch nachhaltigen Effekte vieler dieser kleinen Ansätze entstehen vor allem durch innovative Integrationen bisher ressourcenaufwendig getrennter wirtschaftlicher, sozialer und ethischer Strukturen und Prozesse. Und diese kleinen Innovationsansätze zeigen, dass es keinen unmittelbaren Zusammenhang zwischen der Menge des konsumtiven Stoff- und Energieverbrauchs und der persönlichen Lebensqualität gibt. Abgesehen von notwendigen Lebensgrundlagen (Nahrung, Wohnung, Kleidung, Kommunikation etc.) ist die Empfindung von Lebensqualität und Lebensreichtum vor allem durch die konkrete Kodierung gesellschaftliche Emotion und Gefühle bedingt. Der persönliche Stoff- und Ressourcenverbrauch ist daher, zumindest im Falle nicht unnötig frustrierter Nahrungs-, Schutz-, Sexual- und Selbstachtungsemotionen, vor allem abhängig von den Liebes-, Sprach-, Erkenntnis- und Sinnkodierungen der jeweiligen soziokulturellen Milieus.

Wenn ein bestimmtes Maß zur Befriedigung elementarer physischer Bedürfnisse gesichert ist, machen höhere Stoff- und Energieverbräuche nicht unbedingt glücklicher, im Gegenteil, oft werden sie durch Gegeneffekte – mehr Stress, weniger Zeitfreiheit etc. – konterkariert. Forschungsergebnisse aus dem Programm „Nachhaltiges Wirtschaften" belegen, dass materiell eher begrenzungs- als wachstumsorientierte Lebensmodelle auch in Industrieländern nicht als Verlust, sondern als Gewinn an Lebensqualität empfunden werden, wenn sie mit besseren Wachstumschancen in anderen Lebensbereichen – Naturgenuss, Gesundheit, Sozialität, Persönlichkeitsentwicklung etc. – einhergehen (Simon et al. 2004). Die damit verbundenen soziokulturellen Innovationen sind nicht mehr nur Randerscheinungen, sondern entsprechen Prognosen und Tendenzen bereits beginnender neuer Wirtschaftszyklen (Neofiodow 1996). In dieser Hinsicht prägnante Stichworte wie „Simplify your life" (Küstenmacher 2001) erreichen sogar bereits Bestsellerstatus.

Für einen großen Teil der Menschen, insbesondere in den Ländern der sogenannten dritten Welt, sind elementare physische Bedürfnisse jedoch nach wie vor nicht abgesichert. Im Zeitalter globaler Kommunikation bewirkt dies auch eine gewisse Globalisierung von Not- und Angstemotionen. Dies ist ein Grund dafür, dass neoliberale Ideologien, d.h. biokulturelle Wertgefüge von

Macht, Dominanz etc. ein globales Comeback feiern. Eine Herausforderung an die anderen, durch Gefühle von Liebe, Mitgefühl, Verstehen und Erkenntnis der globalen Schicksalsverbundenheit aller Menschen und Völker getragenen Sehnsüchte und gesellschaftlichen Kräfte besteht daher darin, die Tendenzen einer Globalisierung der Angst, Unsolidarität und unkultivierten Macht zu verstehen. Bloße Gegenstrategien der Anprangerung eines globalen Kapitalismus helfen da wenig, vielmehr bedarf es positiver Entwicklungen und Verbündungen der in allen menschlichen Individuen und Kulturen vorhandenen Gefühlskräfte von Liebe, Verstehen, Erkenntnis und Moral sense (Bahro 1987; Amery 1994; Meier-Seethaler 2001).

Da gesellschaftliche Großstrukturen selbst in Krisensituationen eher zur Beharrung denn zur Veränderung tendieren, bieten vielfältige und im kleinen Maßstab operierende neue Arbeits-, Wirtschafts- und Lebensmodelle ein unschätzbares Lern- und Erfahrungspotenzial für nachhaltige Innovationen und Transformationen. Evolutionen nicht nur der Biologie, sondern auch der Gesellschaft ereignen sich im friedlichen Normalfall nicht durch auf einen Schlag systemverändernde Revolutionen. Solche geschehen erst dann, wenn sie durch tausendfache kleine Mutationen bzw. Innovationen, aus denen sich allmählich für neue Herausforderungen adäquatere Lebensformen herauskristallisieren, vorbereitet wurden. Die neuere Nachhaltigkeitsforschung wird sich zunehmend dieser Bedeutung von kleinen „gesellschaftlichen Mutationen“ bewusst (Loorbach and Rotmans 2004). Im kleinen Maßstab operierende innovative Modellansätze bieten daher ein optimales Lernfeld. Sie können sich jeweils auf ganz bestimmte sozialökologisch integrative Innovationen konzentrieren, Misserfolge einzelner Ansätze fallen nicht ins Gewicht, stehen im Gegenteil kulturell als Erfahrungsschatz zur Verfügung.

Doch auch heutzutage, da die Notwendigkeit nicht nur technischer, sondern auch verhaltensbezogener Innovationen menschlicher Lebens- und Konsummuster in ökologischer Hinsicht auch offiziell-politisch kaum noch bezweifelt wird, sind solche integrativen Innovationen mit ganz besonderen persönlichen Herausforderungen und Risiken für die Akteure verbunden, die sie oft gegen eigene und fremde, meist unbewusste Trägheitskräfte, Verlustängste, Machtpositionen und -emotionen umsetzen. Die Erforschung der „inneren", subjektiven Voraussetzungen für solcherart „Befreiungen von der Überflussgesellschaft" (Marcuse 1969) ist daher unmittelbar bedeutsam. Einige interessante Forschungsergebnisse dazu sind im folgenden Kapitel zusammengefasst.

7. Zur Matrix zukunftsfähiger Gesellschaften

Auch den strengen Normen empirischer Wissenschaften genügende Begriffe und Forschungen beruhen auf mehr oder weniger unhinterfragten Theorievoraussetzungen (Markert et al. 2005); daher werden selbst die zu ihrer Blütezeit scheinbar unumstößlichen Theorien früher oder später verändert. Bereits Max Weber forderte daher mit seinem Postulat der Wertfreiheit, dass Wissenschaftler die ihr Denken und Tun leitenden Werte und Gefühle reflektieren und aus ihren Ableitungen eigenen Theorien und Kritiken anderer möglichst heraus halten. Ludwig Wittgenstein ging in seinen inmitten des ersten Weltkrieges aufgeschriebenen philosophischen Reflexionen sogar noch weiter und stellte fest:

„Wir fühlen, daß selbst wenn all möglichen wissenschaftlichen Fragen beantwortet sind, unsere Lebensprobleme noch gar nicht berührt sind" (Wittgenstein 6.52).

Da die bisherigen Wissenschaftsdisziplinen zu einer dem Ernst der Lage entsprechenden Erforschung zukunftsfähiger Perspektiven nur unzureichend in der Lage sind, mehren sich Stimmen, die eine Innovation dieser Wissenschaften selbst anmahnen. Dabei sind vor allem auch jene emotionalen Dimensionen zu integrieren, welche in der bisherigen Wissenschaftsentwicklung der Moderne ausgeblendet blieben. Dazu wiederholen wir ein bereits einleitend verwendetes Zitat anerkannter Zukunftsforscher, dessen Bedeutung durch die oben entwickelten Erkenntnisse zur emotionalen Matrix von Gesellschaften erhellt wird:

„In unserer Suche nach Wegen zur Ermutigung friedlicher Veränderungen eines Systems, das sich seiner eigenen Transformation ganz natürlich widersetzt, haben wir viele Mittel ausprobiert. Die offensichtlichsten haben wir ausgeführt – rationale Analyse, Daten-Sammlung, Systemdenken, Computermodellierung und klare Worte. Dies sind die Mittel, die alle, der in Wissenschaft und Öko-

nomik ausgebildet sind, automatisch begreifen. Sie sind nützlich, notwendig, aber nicht ausreichend.

Wir wissen nicht, was ausreichend sein wird. Aber unsere Schlussfolgerung kommt zu anderen Mitteln, die unserer Erfahrung nach nicht optional, sondern essentiell sind für jede Gesellschaft, die langfristig zu überleben hofft. Diese werden oft als zu ‚unwissenschaftlich' betrachtet und daher in der zynischen öffentlichen Arena nicht ernst genommen … .

Es sind: Visionsbildung und Vernetzung, Wahrheitserzählung, Lernen und Lieben."

Sie wirken wie eine schwache Liste angesichts der enormen Dimension der erforderlichen Veränderungen … .

In der industriellen Kultur ist es nicht erlaubt, über Liebe zu sprechen, außer im romantischen und trivialen Sinn. Jeder, der über die Kapazität der Menschen spricht, praktische Bruder- und Schwesterliebe zu praktizieren, Liebe der Menschheit als Ganzes und unseres Planeten, wird eher verspottet als Ernst genommen … .

Individualismus und kurzsichtige Interessen sind die größten Probleme der gegenwärtigen Gesellschaften, und die tiefste Ursache ihrer Nichtnachhaltigkeit. Liebe und Mitgefühl, in sozialen Formen institutionalisiert, sind die bessere Lösung. Eine Kultur, die an diese besseren menschlichen Qualitäten nicht glaubt, diese nicht diskutiert und entwickelt, leidet an einer tragischen Begrenzung ihrer Möglichkeiten … .

Die nachhaltigen Transformationen werden vor allem solche sein, welche die besten Seiten der menschlichen Natur, eher als die schlechtesten, ausdrücken und hegen … .

Die Menschheit kann bei ihrem Abenteuer der Verringerung des menschlichen Fußabdrucks auf ein nachhaltiges Niveau nicht erfolgreich sein ohne einen Geist globaler Partnerschaft. Der Kollaps kann nicht vermieden werden, wenn die Menschen nicht lernen sich selbst und die anderen als Teil einer integrierten globalen Gesellschaft zu sehen. Beides erfordert Mitgefühl, nicht nur mit dem Hier und Jetzt, sondern auch mit den Fernen und Zukünftigen. Die Menschheit muss lernen, die Idee eines lebendigen Planeten für zukünftige Generationen zu lieben." (Meadows et al. 2004: 269ff.; hier übersetzt durch M.Hosang).

Auf der Grundlage der hier entwickelten Theorie der emotionalen Matrix gesellschaftlicher Selbstorganisation lassen sich sogar einige begründete Visionen in dieser Richtung formulieren. Diese im folgenden skizzierten Gedankengänge sind keine Utopie im schlechten, d.h. den bestehenden Wirklichkeiten ein einfaches und für alle gültiges Bild abstrakt entgegengestellten Sinn. Sie erheben keinen Anspruch auf Vollständigkeit oder unbedingte Notwendigkeit ihrer Umsetzung. Sie formulieren lediglich offene gesellschaftliche bzw. menschliche Entwicklungsmöglichkeiten, die sich aus vergangenen und gegenwärtigen Gesellschaften und deren Problemen sowie aus den Erkenntnissen der emotionalen Matrix ableiten lassen.

Die Vielfalt historischer Gesellschaftsformen ist erstaunlich. Ob kleine Gruppen von friedlichen Wald- oder kriegerischen Steppenbewohnern, verschiedenste matrilineare Stammesgesellschaften (Malinowski 1930; Göttner-Abendroth 1988), riesige Hochkulturen mit ihren frühen Militarisierungen (Mumford 1987), oder all die mehr oder weniger demokratischen modernen Gesellschaften – sie alle stabilisieren sich durch komplexe Kodierungen der selben biokulturellen emotionalen Matrix.

Um diese emotionalen Tiefenkodierungen und damit das gesellschaftliche Ganze trotz fließender Naturumwelten und oft auch sozialer Erschütterungen wie Machtkonflikte oder Ressourcenkämpfe stabil zu halten, erfanden die Kulturen verschiedene, mit den natürlichen Tendenzen dieser Matrix zusammenwirkende Kulturtechniken: frühkindliche und pubertäre „Einweihungen", regelmäßige „Glaubensrituale", oder moderne Medien.

Aufgrund dieser Tiefenverankerung von Kulturen in ihrer emotionalen Matrix führen kurzfristige „Revolutionen" meist nur zum Austausch des Machtpersonals, nicht zum wirklichen gesellschaftlichen Wandel. Dass sich Gesellschaften langfristig dennoch wandelten, verdankt sich entweder exogenen Zwängen – Nahrungsmangel oder feindliches Umfeld –, oder endogenen „Mutationen“ wie technischen Erfindungen, durchschlagenden neuen Erkenntnisse und von Dogmen befreiten Sinngefühlen. Eine andere Form dieser Mutation ergab sich oft auch durch neue kulturelle Integrationen: so beispielsweise die Entstehung der allmählich weltverändernden altgriechischen Kultur durch die neben Waren auch Weisheiten des nahen und fernen Osten einholende frühgriechische Handelsschifffahrt; oder die neuzeitliche Aufklärung, welche in arabischer Kultur überdauerte griechische Errungenschaften mit römisch-christlicher Ethik befruchtete.

In all dieser vielfältigen Stabilität und ihrem gelegentlichen Wandel lässt sich in gewissem Sinne eine tendenzielle Entfaltung menschlicher Kompetenzen ausmachen: der Kompetenzen technischer Naturbeherrschung, machtfrei-demokratischer Selbstorganisation und philosophischer, psychologischer, ethischer und ästhetischer Selbsterkenntnis. Diese menschlichen Kompetenzentfaltungen – die sich auch als zunehmende Selbstbewusstwerdung bzw. Reflexivität der biokulturellen Matrix deuten lassen – ereigneten sich bisher mehr oder weniger zufällig. Es gab immer wieder Rückschläge. Am innovativsten wirkten die gelungenen Integrationen: Wenn Zusammenstöße bzw. Kontakte verschiedener emotionaler Kodierungen nicht zur Unterdrückung bzw. Auslöschung einer davon, sondern zu einer Rekombination der „besten“ (effektivsten, demokratischsten, liebevollsten, reflexivsten etc.) Kompetenzen der verschiedenen Kulturen führten.

Die Gegenwart, in der dank moderner Wissenschaft und Technik erstmals alle Kulturen in einen weltweiten Wettbewerb einbezogen werden, kann in dieser Hinsicht zu einer einzigartigen, humanisierenden Rekombination der verschiedensten biokulturellen Matrixen umschlagen. Dieser „Sprung aus dem Reich der Notwendigkeit ins Reich der Freiheit“, bzw. zu einer neuen, globalen bzw. nachhaltigen Qualität von Liebe, Erkenntnis und Moral sense wurde immer wieder visioniert, von Aristoteles, Moses oder Jesus, über Joachim de Fiore oder Jeanne de Arc, bis hin zu J.G. Fichte, Karoline Günderode, Karl Marx, Teilhard de Chardin oder Rudolf Bahro. Mit prophetischen Worten sah auch Nietzsche diese Chance voraus, in einer ihn auszeichnenden Sprache, die unserem Wissen von der rahmenbildenden emotionalen Matrix von Gesellschaften nahekommt. Er prognostizierte eine Entwicklung, in der die bisher trotz aller Universalitätsansprüche im eigenen Horizont befangenen kulturellen Mythologien sich zu einer neuen Form entwickeln, in der

„die verschiedenen Weltbetrachtungen, Sitten, Culturen verglichen und neben einander durchlebt werden können; was früher, bei der immer localisierten Herrschaft jeder Cultur, nicht möglich war. Jetzt wird eine Vermehrung des ästhetischen Gefühls endgültig unter so vielen der Vergleichung sich darbietenden Formen entscheiden ... . Ebenso findet jetzt ein Auswählen in den Formen und Gewohnheiten der höheren Sittlichkeit statt, deren Ziel kein anderes, als der Untergang der niederen Sittlichkeiten sein kann. Es ist das Zeitalter der Vergleichung! Das ist sein Stolz, – aber billigerweise auch sein Leiden. Fürchten wir uns vor diesem Leiden nicht." (Nietzsche 1967: 40).

Da sich diese gegenwärtige Begegnung der Kulturen jedoch nicht im emotions- und wertfreien Feld, sondern im Rahmen einer zwar demokratischen, doch zugleich „partricharchalen", „neoliberalen" bzw. „entfremdeten" (d.h. nicht alle emotionalen Existenziale gleich entwickelnden, sondern Physis und Macht gegenüber Liebe und Sinn bevorzugenden) Matrix ereignet, ist ein solcher wünschenswerter Ausgang nicht vorhersehbar.

Nicht nur abstrakt denkbar, sondern auch emotional-existenzial möglich, ist solch ein evolutionärer Kultursprung jedoch. Es ist nicht auszuschließen, dass eines Tages auf dieser Erde Gesellschaften leben und wirtschaften, denen es gelang, entscheidende Prägungsprozesse ihrer eigenen tiefenkulturellen emotionalen Matrix primär humanisierend zu gestalten. Dies wäre eine

Welt von je nach einbettender Naturumwelt und Kulturgeschichte sehr verschiedenen Gesellschaften, denen jedoch etwas Wesentliches gemeinsam ist: Sie beschäftigen einen Großteil ihrer wissenschaftlichen, pädagogischen, kommunikativen, ästhetischen und sinngebend-ethischen Institutionen damit, nicht nur technisch-mentale, sondern mindestens ebenso liebes-, kommunikations- und selbsterkenntnisfähige Gefühle und Kompetenzen in all ihren Kindern zu entwickeln.

Wer einer solchen begründbaren Vision ihren Realitätsgehalt abspricht, der sei noch einmal auf die Analogie der biologischen Trichotomie verwiesen: Die relativ einfache chemobiotische Matrix des genetischen Codes ermöglicht eine ungeheure Artenvielfalt: Was haben einzellige, sonnenlichtabsorbierende grüne Algen gemeinsam mit lauernden Krokodilen oder gar mit Bonobohorden, in denen der vom Fortpflanzungszweck entbundene Sexus zur freudvollen Befriedung von Physis- und Machtkonflikten dient? Hätte man die ersten Algen oder späteren per Kiemen wasserfilternden Fische befragen können, ob aus ihrer Matrix einst sauerstoffatmende räuberische und friedliche Landsäuger hervorgehen, hätten sie sich vermutlich kopfschüttelnd lustig gemacht über solche „realitätsfremde" Phantasterei.

Im Vergleich zu heutigen qualitativ „menschlichere" und „ökologischere" Gesellschaften sind nicht nur denkbar, sondern vielen Menschen auch bereits „fühlbar". Angesichts der bei bloßer Fortsetzung und weiterer Ausbreitung der dominanten westlich-modern-mentalen Matrix drohenden ökologischen Selbstzerstörung menschlicher Zivilisation gewinnt diese visionäre menschliche Möglichkeit sogar den Status einer Überlebensnotwendigkeit. Um so dringender entsteht die Frage nach dem möglichen „Wie" eines solchen Kultursprunges.

Es gibt keinen Anlass, davon auszugehen, dass die bisherige Art und Weise biokulturell-gesellschaftlicher Evolution, der Veränderung strukturstabilisierender emotionaler Matrix, sich ändert. Abgesehen von kriegerischen Unterdrückungen und darauf folgenden schleichenden Integrationen, die in heutiger Situation weder wünschenswert noch zielführend sind, ereignen sich Wandlungen der biokulturellen Matrix ähnlich wie bei der chemobiotischen Matrix: Durch innovative Mutationen. Diese Mutationen gelingen kaum inmitten funktionierender Systemwelten, deren stabilitätsbildende Psychen und Institutionen verhindern im Allgemeinen tiefgreifende Veränderungstendenzen. Daher ereignen sich erfolgreiche Innovationen/Mutationen entweder erst dann, wenn die bestehenden Systemstrukturen instabil werden, oder aber an deren Rändern; also dort, wo solche Innovationen/Mutationen nicht die dominante Gesellschaftsstruktur gefährden, sondern relativ ungestört von deren Selbstschutzemotionen und -institutionen alternatives Evolutionsmaterial für besondere Situationen entwickeln können.

Die dominanten Strukturen moderner Gesellschaften – nicht zufällig ist deren stabilster Kern, die US-amerikanische „protestantische Ethik" am resistentesten – fangen erst allmählich an, den Ernst der Lage auch für sich selbst zu erkennen und zu fühlen. Die Einsicht, dass die „Logik der Gegenwart", dass weiterer technischer Fortschritt und weitere Apostrophierung individualistischer Beliebigkeit, nicht ausreicht, um auch noch Ende des 21. Jahrhunderts menschlich auf der Erde leben zu können, entsteht jedoch auch in Nischen jener Institutionen, welche die moderne Matrix ideologisch legitimieren – in Wissenschaften und Medien. Dort wächst die Erkenntnis, dass die bisherige Art und Weise von disziplinärer Wissenschaft, Forschung und Bildung zur Lösung der anstehenden Probleme unzureichend, in gewisser Weise diese sogar mitverursachend ist. Daraus entstehen Ansätze neuer, integrativer Wissenschaften (siehe dazu im Anhang). Inwieweit diese diesseits oder jenseits der Problemverursachung stehen bleiben, ob sie ihre zunehmende „Nachhaltigkeitsorientierung" nur als Deckmantel letztlich unveränderter Selbstinszenierungen, oder als Chance einer wirklichen Erneuerung menschlicher Selbsterkenntnis wahrnehmen, hängt zum großen Teil weniger von den fördernden Strukturen, als von der Reflexionsfähigkeit der ausführenden Subjekten ab.

Tiefgreifende gesellschaftliche Transformationen, d.h. Transformationen der biokulturellen emotionalen Matrix, wurden meist durch zahlreiche experimentelle Innovationen in Systemnischen vorbereitet, von denen einige dann den neuen Herausforderungen, dem „Geist der Zeit" wirklich entsprachen und Ausgangspunkte neuer Geschichten wurden. So entstand z.B. die gesamte neuzeitliche Zivilisation in gewisser Weise aus einer im Vergleich zum damaligen Rom lächerlich kleinen Jesusbewegung (Theißen 1977), oder die einen weiteren Schritt menschlicher Emanzipation institutionalisierende Französische Revolution aus einem kleinen Zirkel von Rousseaus Philosophie begeisterter Jakobiner.

Auf eine erneute ähnliche „Erneuerung von Innen" (Buber 1985) zu warten bzw. sich selbst bei der Entwicklung konkreter sozial-ökologischer Innovationen zu engagieren, statt sich in Grabenkämpfen um Machtbastionen innerhalb der überholten Matrix zu verlieren, wäre eine daraus schlussfolgerbare Strategie. Eine weitergehende und angesichts der für friedliche Innovationen verbleibenden Zeithorizonte möglicherweise aussichtsreichere Strategie besteht jedoch darin, diese Art und Weise gesellschaftlicher Innovation in Strukturnischen selbst zum Gegenstand moderner Forschung und Entwicklung zu machen (Loorbach and Rotmans 2004; sowie www.drift.eur.nl). Die auf mehr oder weniger zufälligen persönlichen Erfahrungen beruhende Gestaltung innovativer nachhaltiger Lebens- und Wirtschaftsexperimente, wie sie vor 1933 und nach 1968 durchaus nicht ungewöhnlich war und ist, bleibt oft zu beschränkt, zu sehr auf sich selbst fixiert. Verbindet sie sich jedoch mit modernsten Formen kritischer Reflexion, dann potenziert sich die Chance für wirkliche sozialökologische Innovationen.

Im weiten Feld sogenannter Nachhaltigkeitsforschung begegnet man daher unter anderem auch einem neuen Typ von Wissenschaftlern, die diese menschheitliche Chance und Verantwortung zu ihrer eigenen machen. Die erkennen, dass Wissenschaft sich selbst verändern muss, dass sie die Maßstäbe kritischer Rationalität bewahren, diese jedoch auch ergänzen muss: durch wirkliche emotionale Wertfreiheit und durch die eine neue Art von Feld- und Zukunftsforschung: die wissenschaftliche Begründung, Inszenierung, Begleitung und Vernetzung von konkreten und praktischen sozial-ökologischen Innovationen.

Ein Vordenker dieser neuen Art von Forschung war Joseph Beuys, dessen Vision von „sozialer Plastik", von einer Erweiterung der experimentellen Freiheit der Kunst auf die Gebiete von Wissenschaft und Gesellschaft noch immer fasziniert:

„Die Welt ist voller Rätsel, für diese Rätsel aber ist der Mensch die Lösung. Der Mensch als Lösung für diese Rätsel, ich wage es zu sagen, ich muss es sagen, als der Träger der Liebe. Eine Wissenschaft, die zum Äußersten fähig war, die man bewundern muss, eine Wissenschaft, die auf analytischem Wege mit Materialismus und Positivismus eine Atombombe bauen kann, ist zu bewundern, aber sie ist unproduktiv, die produziert nicht Liebe. Man darf die Atombombe von den menschlichen Kreativitätsleistungen her nicht unterschätzen. Das, was an menschlicher Intelligenz, innerer Zucht und Gedankenbildungskraft mit der Entstehung der Atombombe, allgemein mit der Entstehung des modernen exakten wissenschaftlichen Denkens im menschlichen Bewusstsein geschehen ist, ist gewaltig. Ohne diese Verengung wären wir heute nicht in der Lage, so über die Dinge zu sprechen, wie ich stammelnd versuche, über das zu sprechen, was wir eigentlich weit darüber hinaus erreichen können. Mit der Liebe wird bald etwas zu machen sein ‚im eigenen Lande' mit dem erweiterten Kunstbegriff, mit der sozialen Plastik. Das wird von uns sogar erwartet.

Der Ansatz in der Ökologie ist gar nicht tief genug gefasst. Der gesellschaftsökologische Ansatz beginnt bei ‚Jeder Mensch ist ein Künstler', also beim Freiheitsbegriff, beim Kreativitätsbegriff auf das soziale Ganze hin, schafft erst einmal ein sozioökologisches Arbeiten, wodurch Umweltschäden von der Wurzel her ausgeschaltet werden." (Beuys 1995: 11ff.).

Anhang

8. Differenzen sozial-ökologischer Forschung

Sozial-ökologische Forschung ist ein noch relativ junges Forschungsfeld. Sie zielt darauf, die Spaltungen zwischen Natur-, Human- und Sozialwissenschaften als auch zwischen Theorie und Praxis zu überwinden (siehe www.sozial-oekologische-forschung.org/). Damit reagiert sie auf die komplexen Herausforderungen einer nachhaltigen Entwicklung, für die traditionelle Fachwissenschaften oft zu einseitige, entweder nur technische, oder nur wirtschaftliche, oder nur ökologische, oder nur soziale Lösungsvorschläge bereitstellen.

Es ist eine gewaltige Herausforderung, die in Natur-, Technik-, Wirtschafts-, Sozial- und Humanwissenschaften meist getrennt oder in bestimmter Hinsicht betrachteten Wirklichkeitsphänomene in ihrer komplexen Wechselwirkung zu verstehen und nachhaltig zu verändern. Da es dabei nicht darum geht, das Ganze im Sinne einer alles umfassenden Wahrheit zu erklären, sondern vielmehr darum, vielfältige neue Denk- und Praxisansätze im Sinne zukunftsfähiger Entwicklung zu fördern, vermeidet sozial-ökologische Forschung den Anspruch einer umfassenden Theorie und betont stattdessen die Vielfalt möglicher Forschungsansätze. Jeder dieser Forschungsansätze beruht jedoch auf bestimmten theoretischen Voraussetzungen, auf Vorannahmen, Axiomen und Hypothesen – denn ohne Theorie, ohne irgendeine Art von begrifflicher Differenzierung und Strukturierung der Wirklichkeit, stünde man nur vor einer chaotischen Vielfalt von Sinneseindrücken.

Da auch die Forscher dieses neuen Forschungsfeldes sich in Rahmen der Fachwissenschaften entwickelten, prägen ihre erlernten Begriffe und Weltsichten auch die Art und Weise, wie sie ihre Forschung organisieren und ihre Forschungsthemen formulieren. Daher ist es nicht ohne Weiteres gegeben, dass die verschiedenen sozial-ökologischen Denkansätze sich überhaupt verstehen; es braucht gemeinsamer Verständigungsarbeit, Begriffs- und Gegenstandsklärungen. Dass es zwei Schreibweisen – sozialökologisch und sozial-ökologisch – mit leicht verschiedenen Akzenten, doch im Kern identischen Zielstellungen gibt, dürfte dabei nicht das entscheidendste Problem sein.

Wenn verschieden denkende Forscher mit ihren verschiedenen Begriffen und Weltsichten um gemeinsame Themen und Probleme ringen, ergeben sich oft spannende Kontroversen. Im Sinne des ursprünglich von Sir Karl-Raimund Popper entwickelten Kritischen Rationalismus sind oft gerade die Widersprüche zwischen konkurrierenden Theorieansätzen die besten Ausgangspunkte für theoretische Innovationen. Wissenschaftliche Fortschritte ereignen sich nicht so sehr durch Anhäufung von Tatsachen im Rahmen vorhandener Denkweisen, sondern durch kühne, von aktuellen Problemlagen motivierte innovative Ideen, die dann scharf kritisiert und überprüft werden (Popper 2003: 11ff.).

Die in den vorangegangenen Kapiteln entwickelte Theorie der emotionalen Matrix von Gesellschaften verdankt sich der Differenz zwischen solchen, von verschiedenen Ausgangspunkten her operierenden sozial-ökologischen Denkansätzen. Dank eines vom Bundesforschungsministerium geförderten Projektes konnten zentrale begriffliche Differenzen zwischen verschiedenen Ansätzen herausarbeitet und den Ursachen dieser verschiedenen theoretischen Annäherungsweisen an die Wechselwirkungen zwischen Gesellschaft und Natur auf den Grund gegangen werden.

Um dieses Forschungsprojekt und dessen vielleicht wichtigsten Erkenntnisschritt zu dokumentieren und nachvollziehbar zu machen, werden im folgenden die wichtigsten Differenzpunkte und daraus ableitbare Integrationen kurz rekapituliert. Dabei beginnen wir mit der unseres Erachtens stärksten Differenz. Um diese zu verdeutlichen, zuerst aus Texten des Frankfurter Instituts für Sozial-ökologische Forschung[1] einige Auszüge, die typisch für stofflich-energetische und symbolisch-kognitive Schwerpunktsetzungen sind:

„In der sozial-ökologischen Forschung ... mit der Unterscheidung Gesellschaft/Natur zu arbeiten ... ist für die Theoriebildung konstitutiv, bildet so etwas wie eine problematische Leitdifferenz ... . Die theoretische Problematik der Sozialen Ökologie entsteht nach dieser Entscheidung dadurch, dass das ‚Geflecht der Beziehungen zwischen Gesellschaft und Natur' den Focus sämtlicher Forschungsaktivitäten bildet – und nicht das zwischen Mensch und Umwelt, wie es im ‚Rahmenkonzept' etwas missverständlich definiert ist ... . Jedes dem Gegenstand und der theoretischen Problematik angemessene Konzept muss vier Schlüsselfragen beantworten:

1. Wie ist es begrifflich möglich, Beziehungen zwischen dem Bereich der Gesellschaft und dem der Natur zu erfassen?
2. Wie wird die Differenz zwischen Gesellschaft und Natur theoretisch begründet?
3. Wie wird die Doppelgestalt der Menschen als Kultur- und Naturwesen konzeptionell und methodisch berücksichtigt?
4. Wie werden materiell-energetische und kulturell-symbolische Elemente im Objektbereich der Forschung identifiziert und miteinander verknüpft?

Mit dem Konzept ... der gesellschaftlichen Naturverhältnisse ... wird versucht, das Geflecht der Beziehungen zwischen Gesellschaft und Natur und die sich darin herausbildenden Muster zu erfassen.

---

[1] Näher zu den Denkansätzen und zur Wirkungsgeschichte des für die deutsche Forschungslandschaft in vieler Weise innovativen Instituts siehe unter: www.isoe.de .

Sie werden geprägt vom Zusammenspiel sozialer, kultureller, technischer und natürlicher Wirkungszusammenhänge sowie darauf bezogener politischer und technischer Regulationen und kultureller Symbolisierungen.
Strukturelle Veränderungen gesellschaftlicher Naturverhältnisse lassen sich allgemein als sozial-ökologische Transformationen beschreiben." (Becker 2003, 8ff.).

Dem gegenüber gestellt werden zentrale Gedanken des Berliner Instituts für Sozialökologie[2], als Beispiel für einen humanwissenschaftlich betonten Denkansatz:

„Die üblichen Konzepte von Sozialökologie sind zu eng gefasst, oder werden zumindest in der Anwendung zu eng geführt ... . Näher kommen wir, wenn wir Sozialökologie auch als Wissenschaft vom Verhältnis Mensch – Natur fassen ... . Sozialökologie behandelt eine Zwischenzone, behandelt die Vermittlung zwischen den Effekten, die der Mensch durch Wissenschaft, Kapital, Staat usw. verursacht, und den Motiven, die ihn treiben ... . Dies hat etwas mit Anthropologie und Tiefenpsychologie zu tun.

---

[2] Das durch Rudolf Bahro initiierte Institut für Sozialökologie existierte von 1990 bis 1998 an der Humboldt-Universität zu Berlin. Seine Arbeit fand starkes Interesse durch die Öffentlichkeit und Studierende aller Fachrichtungen. Infolge universitäts- und landespolitischer Kürzungen und „Anpassungen" wurde es nach Bahros frühem Tod eingestellt. Sein Schüler Maik Hosang konnte 1999 eine Habilitation für Sozialökologie erfolgreich verteidigen (Hosang 2000/1). Die Fortsetzung dieses sowohl theoretisch als auch praktisch-experimentell stark integrierten sozial-ökologischen Denkansatzes vollzog sich seitdem in Rahmen des unabhängigen Instituts für integrierte Sozialökologie. Siehe www.lebensgut.de; www.homo-integralis.de und www.agrar.hu-berlin.de/wisola/bahro-archiv/.

Tiefideologien sind Handlungsprogramme, deren man sich nicht bewusst wird. Geschichte ist die Ausführung. Man kann sich vom Ausführungszwang befreien, wenn man das Programm kennt.

Der größte Teil unserer Antriebe, Motive ist uns noch immer unbewusst. Dort geschieht aber die wirkliche Steuerung, die sich des instrumentellen Verstandes bedient ... .

Methoden der Sensibilisierung, der Selbsterfahrung und Selbsterkenntnis können maßgeblich für den wissenschaftlichen Arbeitsprozess der Zukunft sein ... . Zum Beispiel bedeuten Macht und Liebe sehr unterschiedliche habituelle Verfassungen ... .

Und das darf nicht nur individuell, das muß auch institutionell und politisch gedacht werden: Dort, wo der große Spalt ist (zwischen der Gesellschaft und der Natur), muß die Kopplung hin, muss die Kluft geschlossen werden ... . Von Natur hat der Mensch die Freiheit, sich aus einer kulturellen Sackgasse zurückzuziehen und ein neues Muster zu stiften ... .

[Mumford u.a.] stimmen weitestgehend darin überein, daß der ent- und unterscheidende Akzent dieser Welthaltung in Arbeit, Erkenntnis, Beziehung die Liebe sein wird, nicht aber als eine Sentimentalität, sondern als ‚Punkt Omega' einer Geistesverfassung, die selbstgewiss und herzoffen genug ist, um in gefühlter Resonanz mit allem übrigen Leben sein zu können." (Bahro 1991a: 31ff., Galtung/Bahro 1991: 283, Bahro 1991b: 185, Bahro 1991c: 341ff., Bahro 1990: 241ff., Bahro 1998: 55).

Der auf ersten Blick kaum sichtbare Zusammenhang beider Ansätze wird deutlicher, wenn wir sie mit einer Forderung des Wissenschaftsrates vergleichen, welche als Legitimation des BMBF-Programms für Sozial-ökologische Forschung diente:

„Werte, Einstellungen und Verhaltensweisen von Individuen, sozialen Gruppen und Gesellschaften bestimmen die Beziehungen zwischen Mensch und Umwelt. Deshalb darf sich die Umweltforschung nicht in naturwissenschaftlich-technischen Untersuchungen

erschöpfen. Humanwissenschaftliche Forschungsaktivitäten, die das Verhältnis zwischen Gesellschaft und Umwelt untersuchen, sind zentrale, bislang allerdings noch wenig entwickelte Bestandteile der Umweltforschung." (BMBF Rahmenkonzept 2000: 7ff.).

Diese explizit „humanwissenschaftliche Forschungsaktivitäten" integrierende Aufgabenstellung des Wissenschaftsrates findet sich in der folgenden Ausgangsdefinition des BMBF-Rahmenkonzeptes noch implizit wieder:

„Soziale Ökologie ist die Wissenschaft von den Beziehungen der Menschen zu ihrer jeweiligen natürlichen und gesellschaftlichen Umwelt. In der sozial-ökologischen Forschung werden die Formen und Gestaltungsmöglichkeiten dieser Beziehungen in einer disziplinübergreifenden Perspektive untersucht." (ebenda).

In den Folgegedanken des Rahmenkonzeptes wird diese Ausgangsdefinition allerdings in ihrer humanwissenschaftlichen Komponente eingeschränkt:

„Umweltprobleme werden als (komplexe) gesellschaftliche Probleme begriffen, die ohne fundierte sozialwissenschaftliche Analysen weder verstanden noch gelöst werden können ... .

Die sozialwissenschaftliche Problemsicht wurde systematisch um eine ökologische erweitert – und die ökologisch/ naturwissenschaftliche um eine sozialwissenschaftliche.

Kennzeichnend für diese Forschungsansätze ist Integration: der Versuch, naturwissenschaftliche, technische, ökonomische und sozialwissenschaftliche Methoden und Wissensbestände zusammenzuführen. Die wissenschaftliche Aufgabe besteht darin, die noch weitgehend unverbundenen Erkenntnisse der naturwissenschaftlichen und der sozialwissenschaftlichen Umweltforschung problembezogen miteinander zu verknüpfen und beide theoretisch wie methodisch in einer praktischen Zielsetzung zu integrieren." (ebenda).

Die ursprünglich definierte „Wissenschaft von den Beziehungen der Menschen zu ihrer jeweiligen natürlichen und gesellschaftlichen Umwelt“ wird zur Verknüpfung natur- und sozialwissenschaftlicher Methoden und Wissensbestände konkretisiert und in gewisser Hinsicht auch verengt. Humanwissenschaftliche Begriffe und Probleme werden nicht mehr in dieser Deutlichkeit integriert. Dies hat Vorteile für die Festlegung und Abgrenzung konkreter Forschungsfelder. Für die Entwicklung eines neuen, integrativen, d.h. die Spaltung zwischen Mensch, Natur und Kultur überwindenden Forschungsansatzes hat die Blickverengung jedoch Nachteile. Es klammert den für die realen, unmittelbaren Wechselwirkungen zwischen Gesellschaft und Natur fundamentalen Bereich menschlicher Psyche bzw. gesellschaftlicher Gefühle aus. Damit erschwert es konsequenter integrative Theorie- und konsequenter nachhaltige Praxisansätze.

Wie lässt sich diese theoretische Verkürzung vermeiden? Was lässt sich aus der Differenz der oben zitierten Denkansätze lernen?

Der erste oben zitierte sozial-ökologische Denkansatz konzentriert sich auf das Verhältnis zwischen Gesellschaft und Umwelt; er vernachlässigt das zwischen Mensch und Umwelt. Der zweite Ansatz konzentriert sich auf das Verhältnis zwischen Mensch und Umwelt, er vernachlässigt die natur- und sozialwissenschaftlichen Analysen der Wechselwirkung zwischen Gesellschaft und Natur. Der Leitdifferenz Gesellschaft/Natur im ersten Ansatz steht die Leitdifferenz Mensch/Natur im zweiten Ansatz gegenüber. Beide Leitdifferenzen bleiben letztlich zu einseitig, zu unterkomplex. Doch aus der Differenz beider Leitdifferenzen ergibt sich ein heuristischer Hinweis: nicht nur eine, sondern zwei Leit-Differenzen sind zugrunde zu legen und durch neue theoretische Brückenschläge zu integrieren.

Um Ansatzpunkte für eine Integration der beiden Leitdifferenzen zu finden, knüpften wir an humanökologische Hypothesen an, welche das Problem nicht dichotomisch, sondern trichotomisch betrachten (Steiner/Weichhart 2003: 45ff.). Weitere Hinweise dazu gewinnen wir aus der wissenschaftstheoretischen Heuristik eines Drei-Welten-Konzepts von Karl-Raimund Popper (Popper 1982). Aus dem Analogievergleich mit der Entwicklung der Biologie, welche erst durch Erkenntnis und Integration ihrer dritten Dimension, der Genetik, und der damit vergegenwärtigten Trichotomie von Umwelt, Phänotyp und Genotyp produktiv wurde, ergab sich dann ein konkreteres Verständnis der sozialökologischen Trichotomie und der multiplen Zusammenhänge sozial-ökologischer Flexibilität und Stabilität (die konkreten Ausführungen dazu siehe in den ersten Kapiteln dieses Buches).

Ausgehend von der im ersten Kapitel des Buches entwickelten trichotomischen Heuristik, der allgemeinen Wechselwirkungen zwischen den drei Welten von Kultur, Mensch und Natur, lassen sich verschiedene Ansätze und Dimensionen sozial-ökologischer Forschung konkreter kennzeichnen, unterscheiden und so auch integrieren.

Obwohl die gemeinsame Problemstellung einer integrativen Erforschung nachhaltiger Innovationen und Transformationen in den verschiedensten Forschungsansätzen eine gewisse Thematisierung aller drei Welten erzwingt, lassen sich signifikante Unterschiede in zentralen Schwerpunktsetzungen hervorheben.

Es gibt Denk- und Forschungsansätze, die sich unmittelbar den Wechselwirkungen zwischen Gesellschaft und Natur bzw. zwischen stofflich-energetischen und symbolisch-kognitiven Phänomenen zuwenden und dabei die vermittelnde Wirkung psychisch-emotionaler Welten in den Hintergrund stellen. Letztere werden zwar in Form von Handlungstheorien oder Bedürfnisfeldern in konkreten Forschungsprojekten erwähnt, jedoch nicht als Teil des strategischen Denk- und Forschungsansatzes. Zu diesen hier als

strukturorientiert bezeichneten sozial-ökologische Forschungsansätzen gehört der eingangs zitierte des Frankfurter Instituts für sozial-ökologische Forschung.

Einen stärker theoriebetonten, jedoch ähnlich auf die unmittelbaren Wechselwirkungsstrukturen zwischen Gesellschaft und Natur fokussierten Denkansatz vertritt das maßgeblich von Marina Kowalski entwickelte Zentrum für Soziale Ökologie an der Universität Wien. Dieser Ansatz beschreibt sehr konkret die Art und Weise, wie Gesellschaften ihre Wechselwirkung mit der Natur organisieren und diese dabei für ihre Zwecke „kolonisieren“ (siehe z.B. Fischer-Kowalski 1997).

An beiden Ansätzen orientieren sich zahlreiche weitere Forschungsprojekte (siehe dazu Balzer/Wächter 2002 und www.sozial-oekologische-forschung.org).

Eine andere Linie sozial-ökologischer Forschung konzentriert sich auf die unmittelbaren Wechselwirkungen zwischen menschlicher Psyche und Umweltphänomenen. Prononcierte Vertreter dieses hier als **humanorientiert** bezeichneten sozial-ökologischen Denk- und Forschungsansätze sind der oben zitierte Berliner Bahro-Ansatz, verschiedene Spielarten der Umweltpsychologie (siehe z.B. in Balzer/Wächter 2002 oder in Schmuck 2001 und 2002), als auch Ansätze der neuen Humanökologie (zu letzterer siehe z.B. Serbser 2004; oder Glaeser 2005).

Mit Hilfe der hier entwickelten sozial-ökologischen Trichotomie gehen wir davon aus, dass beide Ansätze letztlich ungenügend sind. Um den integrativen Herausforderungen zukunftsfähiger, nachhaltiger Entwicklung, Innovation und Transformation besser als bisher gerecht werden zu können, bedarf es auch theoretisch-integrativerer Forschungsarbeit.

Es gibt Denkansätze, die alle drei Dimensionen zumindest thematisieren und so vielversprechende Anfänge für integrierte Weiterentwicklungen darstellen. Einer dieser Ansätze ist die von

Dieter Steiner an der ETH Zürich entwickelte humanökologische Trichotomie (Steiner 1993; 2003). Diese entwirft ein forschungsstrategisch zu integrierendes Dreieck von Natur, Mensch und Gesellschaft. Auf dieser Grundlage gelangt er zu einer theoretisch begründeten Kritik von einseitig stofflich und mental konzipierten Ansätzen und betont deren notwendige Ergänzung durch eine „seelische Nahrungskette“.

Etwas anders aufgebaut ist der Denkansatz des eine Zeit lang den Bahro-Lehrstuhl für Sozialökologie in Berlin fortsetzenden Johannes Heinrichs. Er schlägt eine integrative Viergliederung vor, die physische, sozial-instrumentelle, kommunikative und Sinn-Dimensionen aufgrund ihrer verschiedenen Reflexionsqualitäten unterscheidet, um auf dieser Grundlage effektivere und sinnreichere gesellschaftliche Innovationen zu ermöglichen (Heinrichs 1997; 2005).

Ein nicht so explizit, doch implizit integrierter sozial-ökologischer Denkansatz findet sich bei Ruth Kaufmann-Hayoz an der Universität Bern. In der dort entwickelten Typologie der Instrumente für eine nachhaltige Entwicklung finden sich sowohl strukturorientierte („Marktwirtschaftliche und politische Instrumente“ bzw. „externale Strukturen“), als auch lebensweltlich-humanorientierte („Kommunikations- und Diffusionsinstrumente“ bzw. „internale Strukturen“) Dimensionen. Das Gelingen nachhaltiger Entwicklung wird in einem optimalen, integrativen, situations- und akteursbezogenen Mix dieser Instrumente gesehen. Die jeweiligen individuellen „psychophysiologischen Faktoren und Prozesse“ sind in kulturell-kommunikative und soziale Netzwerke von verschiedener Qualität eingebettet (Kaufmann-Hayoz et al.: 22.ff.; 33ff.). Die von Kaufmann-Hayoz et al. durchgeführten Analysen nachhaltiger Innovations- und Transformationsprozesse kommen zum Ergebnis, dass konventionelle marktwirtschaftliche, politische und diffundierend-kommunikative Instrumente insbesondere zur breitenwirksamen Durchsetzung und Etablierung nachhaltiger Verfahren, Produkte und Konsummuster unverzichtbar sind. Für die pionierhafte Entwicklung und persönlich risikobehaftete Erprobung innovativer nachhaltiger Produkte und Verhaltensmuster sind sie jedoch ungenügend, hierzu bedarf es in besonderem Maße internaler Qualitäten (Ruth Kaufmann-Hayoz et al.: 330ff.). Ein Ergebnis, welches die in diesem Buch entwickelten Hypothesen empirisch unterstützt.

Neben diesen im engeren Sinne sozial-ökologischen Denkansätzen gibt es andere, die aus anderen Bereichen der Wissenschaft erwachsen und zum Teil sehr explizit integrierte bzw. integrale Heuristiken als Grundlage einer zukunftsfähigen Theorie und Praxis erarbeiten. Einige davon siehe im folgenden Teil des Anhanges.

9. Annäherungen an emotionale Vernunft

In der Einleitung und den ersten Kapiteln dieses Buches wurde gezeigt, dass die moderne Soziologie, die sich heute vor allem als rational-analytische oder rational-systemische Wissenschaft darstellt, insbesondere bei ihren Gründungsvätern immer auch als Wissenschaft sozialer Gefühle gedacht war. Nicht nur in der Geschichte der Soziologie, auch in der Geschichte des modernen Denkens insgesamt zeigt sich eine solche Ambivalenz. Am sichtbarsten wird dies in der Philosophie, insofern diese im Unterschied zu Fachwissenschaften nie den Anspruch aufgab, neben den konkreten Fakten das Ganze, und dabei auch die Rolle des menschlichen Subjekts, zu denken.

Die Geschichte der philosophischen Theorien der Moderne lässt sich erstaunlicherweise als fluktuierende Annäherung an eine trichotomisch-integrative Weltsicht betrachten, in der Rationalität und Gefühl sich nicht nur nicht ausschließen, sondern sogar gegenseitig bedingen. Da diese Tendenz in den meisten Werken über die Geschichte der modernen Philosophie und Wissenschaften kaum gesehen wird (eine Ausnahme ist Meier-Seethaler 2001), reproduzieren wir einige markante Punkte dieser Erkenntnisgeschichte hier kurz in dieser Hinsicht.

Bereits der Beginn modernen Denkens, der oft mit dem Satz von Descartes „Ich denke, also bin ich“ markiert wird, zeigt sich widersprüchlich. Als Ergänzung zur Descartschen „Logik des Verstandes“, welche die Bedeutung klarer und eindeutiger Begriffe und Methoden für die Erkenntnis hervorhebt, konzipierte sein Schüler Blaise Pascal, eine einfühlende „Logik des Herzens“. Diese „Andere Seite der Vernunft“ ist aus seiner Sicht unverzichtbar dafür, um Dinge und Menschen nicht nur in einigen abstrakten Eigenschaften, sondern in ihrem wirklichen, konkreten Da- und Sosein zu verstehen und miteinander darüber zu kommunizieren.

Dabei nimmt Pascal bereits wesentliche Einsichten der späteren Psychoanalyse vorweg:

„Unser Verstand kann die formallogische Methode dazu mißbrauchen, uns selbst über unsere wahren Motive zu täuschen, indem er seine Argumentation unseren geheimen Wünschen anpaßt. Damit beschreibt Pascal genau daß, was heutige Psychologien ‚Rationalisierung' nennen würden. Er weiß, daß wir uns mittels unseres Verstandes ein Gespinst von Lebenslügen ausdenken können, während sich unser Herz in seinen Tiefen nicht betrügen läßt. Dort bleiben alle seelischen Vollzüge, auch die vergessenen, aufbewahrt, und deshalb ist unser Gefühl fähig, die Scheingefechte des Verstandes zu demaskieren, wenn es dazu bereit ist, sich mit den Tiefen der Seele zu konfrontieren. Dabei beruht nach Pascal die größere Verläßlichkeit des Gefühls darauf, daß es unseren leiblichen Bedürfnissen und Körperwahrnehmungen näher steht als der Verstand und auf diese Weise Körper und Geist verbinden kann." (Meier-Seethaler 2001: 42).

Einen weiterer Versuch zur Vermittlung der bei Descartes scharf getrennten Welten von ausgedehnter Materie und formalem Geist findet sich bei Baruch de Spinoza. Er entwirft sowohl eine Theorie gesellschaftlicher Institutionen, als auch eine Theorie der Emotionen (Spinoza 1987 und 1988). Aufgrund seiner erstaunlichen Vorwegnahme moderner Erkenntnisse zur Bedeutung von Emotionen und Gefühlen für menschlichen Denken und Handeln wird er erst jetzt zunehmend wieder entdeckt (Damasio 2005).

Spinoza war, neben Kant, der entscheidende Inspirator für die klassische deutsche Philosophie, welche weitere Gedanken zu einer werdenden trichotomischen Weltsicht hinzufügte. Sie gipfelte im Versuch von G.W.F. Hegel (Hegel 1984), die Differenz zwischen Fichte (der die Subjektivität, die emotionalen Kräfte der Erkenntnis, des Willens, der Liebe u.a. ins Zentrum stellte) und Schelling (der die objektiveren Strukturen der Natur betonte) im

Rahmen seiner dialektischen Philosophie aufzuheben. Da Hegel selbst jedoch die Entwicklung der Begriffe, d.h. der symbolisch-kognitiven, mental-rationalen Dimensionen überhöhte, kam es zur Gegenreaktion von Ludwig Feuerbach. Dieser kritisierte sehr deutlich das Fehlen von menschlichen, sinnlichen, d.h. auch emotionalen Aspekten bei Hegel und entwirft eine stark anthropologisch betonte Philosophie, die in der erstaunlichen, mit Hilfe der oben entwickelten Theorie modern begründbaren These gipfelt, dass allein „die Liebe das Kriterium des Seins – das Kriterium der Wahrheit und der Wirklichkeit" (Feuerbach 1843: 319) ist.

„Wenn die alte Philosophie sagte: Was nicht gedacht ist, das ist nicht, so sagt dagegen die neue Philosophie: Was nicht geliebt wird, nicht geliebt werden kann, das ist nicht." (Feuerbach 1843: 319).

Aus diesem frühen dia- bzw. trialektischen Disput der klassischen deutschen Philosophie folgte der am deutlichsten beim frühen Karl Marx entwickelte Ansatz einer Integration aller drei Dimensionen. Seine Anspruch eines theoretischen und praktischen Zusammenspiels von materiell-physischen (Natur-)Notwendigkeiten, gesellschaftlichen Strukturen und menschlichen Entwicklungs- und Befreiungspotentialen traf zumindest teilweise das Zentrum dieser Wechselwirkung und zeitigte vermutlich daher enorme geschichtliche Wirkungsmächtigkeit.

Die mit dem Wissen seiner Zeit noch unklärbaren konkreten Zusammenhänge dieser Wechselwirkung gärten weiter. Kierkegaards, und intensiver noch Nietzsches Rebellion verwiesen auf die in hegelschen und späteren marxistischen Denkansätzen vernachlässigten menschlichen Gefühle und Sehnsüchte. Diese frühen existenzialistischen Impulse inspirierten sozialphilosophische Denkansätze, welche diese menschliche Dimension je nach theoretischem Umfeld akzentuiert betonten: Freuds Psychoanalyse, Husserls Phänomenologie, Heideggers, später Sartres und in gewisser Weise auch Foucaults Existenzialismus waren die einflussreichsten. Keiner dieser Ansätze konnte sich jedoch zu einer Integration aller drei Dimensionen entfalten.

Die existenzialistischen Impulse blieben nicht folgenlos. Von verschiedenen Versuchen, strukturalistische und menschliche Dimensionen zu integrieren, führte insbesondere Max Horkheimers Ansatz der Differenz von traditioneller und kritischer Theorie zu einer fruchtbaren Neuentwicklung. Die um ihn und Adorno gruppierte frühe Kritische Theorie resignierte zwar später, sowohl an den durch den Faschismus ausgelösten praktischen Weltzuständen als auch an nicht weiterkommenden Theorieansätzen. Aus dem ursprünglichen Impuls der Kritischen Theorie entwickelten sich jedoch neue, folgenreichere Gedankenimpulse. Erich Fromm gelang ein weltweit beachteter sozialphilosophischer Ansatz zur theoretischen und praktisch-transformativen Bedeutung der Liebe. Herbert Marcuses Integrationsversuch von Marx Strukturtheorie und Freuds Tiefenpsychologie wurde zum maßgeblichen Inspirator der Befreiungsbewegungen um 1968.

Ein zweiter für diese theoretisch-praktische Kulturrevolution maßgeblicher Denkansatz war der Existenzialismus von Jean Paul Sartre. Gegenüber der positivistischen Philosophie seiner Zeit betonte er das immer gegebene menschliche Potenzial zur Freiheit, zur Befreiung und Innovation versteinerter Verhältnisse. Die andere, systemweltlich stabilisierende Dimension der Wirklichkeit wurde von ihm bejaht, jedoch nicht explizit integriert. Diese Schwachstelle begünstigte die im letzten Drittel des 20. Jahrhunderts dominierenden Gegenpositionen des Strukturalismus verschiedenster Coleur, von Levi-Strauss und Norbert Elias bis hin zu Niklas Luhmann.

Im Hintergrund dieser vorwiegend strukturalistischen Debatten gewann ein anderer, seit Fichte und Hegel zwar erwähnter, doch bisher kaum entfalteter sozialphilosophischer Aspekt an Argumentationskraft. Martins Bubers „Ich und Du“ war einer, die

Entwicklung des amerikanischen Pragmatismus um Dewey und Mead ein anderer Inspirator jener neuen Tendenz, die schließlich in Habermas neuem Kritischen Theorieansatz des Kommunikativen Handelns gipfelte. Da dieser Ansatz, der ein neues sozialphilosophisches Paradigma eröffnete, in einer vorwiegend strukturalistisch denkenden Zeit gedieh, blieb auch ihm dessen Schatten nicht erspart: Habermas selbst sieht sich zwar als Vertreter handlungsorientierter Sozialphilosophie und verteidigte diese im Disput mit dem strukturalistisch-systemischen Ansatz Luhmanns. Seine Kritik an einseitig naturalistischen, subjektzentrierten bzw. bewussteinsphilosophischen Ansätzen führte jedoch auch ihn zu einer Vernachlässigung der emotionalen und existenziellen Aspekte des Handelns im Allgemeinen und des kommunikativen Handelns im Besonderen.

Unter Verweis auf die bereits im amerikanischen Pragmatismus einbezogenen anthropologischen Aspekte sind gegenwärtig vor allem Hans Joas (1997), Axel Honneth (1992) und Hans Peter Krüger (2001) um eine Korrektur bzw. Ergänzung dieser Lücke im Paradigma des kommunikativen Handelns bemüht. Auch diese Ergänzungsansätze bleiben jedoch eher vorsichtig und gelangen nicht dazu, auch den Gefühle ihren vernachlässigten zentralen Platz im menschlichen Denken und Handeln wieder einzuräumen.

Die modernen kritisch-rationalistischen Philosophien bzw. interdisziplinären Wissenschaftsansätze (Systemtheorie, Komplexitätstheorie, Sozial-ökologische Forschung u.a.) einerseits und die Ansätze zur Reintegration der Emotionen und Gefühle andererseits stellen zwei sich bisher kaum berührende Pole des modernen Geistes dar.

Einige zentrale Züge einer solchen integrativen Theorie bzw. Heuristik wurden in diesem Buch entworfen. Diese sollen hier noch um einen weiteren, für die Akzeptanz von Gefühlen in zukunftsfähiger Wissenschaft und Forschung vermutlich nicht unwichtigen Aspekt ergänzt werden: um die Frage der Rationalität bzw. Irrationalität von Erkenntnis.

Im Namen von „Wertfreiheit“ oder „kritischer Rationalität“ wird oft gefordert, dass Wissenschaftler sich bei der Betrachtung ihrer Forschungsgegenstände möglichst objektiv, d.h. emotionslos verhalten sollen. Bereits einleitend wurde darauf verwiesen, dass der originale Begriff der Wertfreiheit bei Max Weber einen durchaus andere Bedeutung hatte. Weber war sich bewußt, dass Menschen immer, auch in der Wissenschaft, von inneren, oft unbewußten Werturteilen und Gefühlen geleitet werden. Er forderte dazu auf, diese nicht zu verdrängen, sondern zu reflektieren, um so zu verhindern, dass sie die Auswahl und Bewertung von Forschungsgegenständen über Gebühr beeinflussen.

Im Lichte moderner Emotionsforschung (siehe Kapitel 1-4 dieses Buches) zeigte sich, dass Menschen bei all ihrem Denken und Tun immer von diesen oder jenen Emotionen bzw. Gefühlen geleitet werden. Die Differenz zwischen Rationalität und Irrationalität ist nicht gleichzusetzen mit der Differenz zwischen Denken und Fühlen. Im Gegenteil: Eine Rationalität, die von sich behauptet, ohne jegliche Emotionen und Gefühle zu agieren, macht sich verdächtig, diese nur zu verdrängen und damit unbewußte, von Macht- oder anderen Interessen abhängige Verzerrungen der Erkenntnis zuzulassen.

Carola Meier-Seethaler, deren Werk „Gefühl und Urteilskraft“ ein Meilenstein zur Entwicklung einer integrativen, gefühlvollen Wissenschaft darstellt, schlägt folgende, zu den in diesem Buch entwickelten Gedanken durchaus passende Lösung vor:

„Eines der wichtigsten Ergebnisse der erkenntnistheoretischen Erwägungen besteht in der Forderung, die Grenze zwischen Rationalität und Irrationalität neu zu ziehen. Wie Emotionalität nicht mit Irrationalität und damit letztlich mit Unvernunft gleichzusetzen ist, so ist Intellektualität nicht davor gefeit, daß die Richtung ihrer Denkschritte von irrationalen Motiven geleitet wird. Vernunft und Rationalität in einem nicht verengten Sinn zeichnen

und Rationalität in einem nicht verengten Sinn zeichnen sich vor allem durch Bewußtheit aus: durch die bewußte Konfrontation mit den eigenen Gefühlen, Beweggründen und Wertungen ebenso wie durch die bewußte Kontrolle logischer Denkschritte. Dagegen ist von Irrationalität immer dann zu sprechen, wenn psychische Mechanismen unbewußt ablaufen und unerkannt in scheinbar rationale Denkmuster und Handlungen einfließen.

Hinter dem Plädoyer für die emotionale Vernunft steht nicht zuletzt der Wille zur Klärung unbewußter Zwielichtigkeiten. Der große menschliche und geisteswissenschaftliche Aufwand, den uns diese Klärung auferlegt, ist nicht als Luxus mißzuverstehen, denn eigentlich bleibt uns gar keine Wahl: Entweder gelingt die größtmögliche Erhellung aller uns steuernden psychischen Kräfte oder wir werden unbewußt von Ideologien verschiedenster Färbung gesteuert, auch von solchen, bei denen wir nur die rationale Fassade wahrnehmen.

Aus der Perspektive der emotionalen Vernunft besteht Sachlichkeit nicht in einer kühlen, von den eigenen und den Gefühlen anderer abgespaltenen Denkart, sondern lässt sich eher mit dem Begriff der Besonnenheit umschreiben. Besonnenheit nimmt zwar Abstand zur eigenen Betroffenheit in der Reflexion, aber im Spiegel ihres Bewußtseins erscheinen Ich und Mitwelt als lebendige Wirklichkeiten, denen wir nur gerecht werden, wenn die Erkenntniskräfte des Denkens und Fühlens zusammenwirken." (Meier-Seethaler 2001: 395).

Eine ähnliche Art von neuer Wissenschaft, die weder rationale noch emotionale Erkenntnis- und Handlungsqualitäten verdrängt, diese auch nicht undifferenziert vermischt, sondern mentalen Argumente nachfühlt als auch emotionale Urteile kritisch analysiert, fordert Hans-Peter Krüger (Krüger 2004).

Krüger entwarf diese Gedanken aus Anlass des durch neurobiologische Erkenntnisse ausgelösten modernen Diskurses über das Problem der Freiheit. Zu einigen erstaunlichen Denk- und Gefühlsmöglichkeiten für menschliche Freiheit, die sich erst aus der Sicht einer emotionalen Vernunft ergeben, siehe den noch folgenden Teil des Anhangs.

Der Ansatz einer emotionalen Vernunft hat Folgen nicht nur für die Wissenschaft im engeren Sinne, sondern auch für die im Sinne einer zukunftsfähigen Entwicklung ebenso bedeutsame Ethik:

Allgemeine humane Grundwerte lassen sich theoretisch aus den dargestellten zentralen Existenzialen, insbesondere aus dessen höchstem, alle anderen Gefühle integrierenden „Operatorchakra", dem angeborenen „moralischen Sinn" einer Übereinstimmung zwischen persönlichen Gefühlen und den Gefühlen der Mitwelt, ableiten. Mit dieser rationalen Konstruktion ist es jedoch nicht getan. Wirkliche, d.h. wirksame Grundwerte müssen immer neu aus zwischenmenschlichen Erfahrungen gewonnen, in jedem individuellen Schicksal emotional integriert und für menschliche Gruppen und gesellschaftliche Institutionen verbindlich gemacht werden. Meier-Seethaler u.a. (Agnes Heller, Carol Gilligan) stellen daher in Ergänzung zur „Diskursethik" (Habermas), deren Akzent auf den rationalen Übereinkünften gleichberechtigter Individuen liegt, die Bildung der emotionalen Beziehungsfähigkeit in den Mittelpunkt ethischer Betrachtung. Sie betonen den permanenten Stiftungscharakter ethischer Normen, die Tatsache, dass immer neu zu gestaltendes Vertrauensgefühl und Freundschaft – im Sinne freundlicher, friedlicher und solidarischer Einfühlung füreinander – die Grundlagen für Wertvermittlung und ethisches Handeln bilden. (Meier-Seethaler 2001: 394).

Aus diesen Gedanken ergeben sich Anschlüsse an philosophische Ahnungen, die nicht nur weibliche Denker, sondern auch männliche Visionäre auszeichneten. Neben Kant, Fichte, Hegel und Schelling gab es unter den klassischen deutschen Philosophen noch Friedrich Hölderlin. In seinem gefühlvoll-rationalen, philosophisch-poetischen Hauptwerk „Hyperion“ entwickelte er einen durch unsere Theorie begründbaren Gedanken: „Die Liebe gebar Jahrtausende voller lebendiger Völker, nur die Freundschaft kann sie wiedergebären.“ (Hölderlin 1987: 54ff.). Ähnlich sah es der in den 60-iger und 70-iger Jahren des 20. Jahrhunderts viele Menschen inspirierende Teilhard de Chardin. Ähnlich formulierten es auch Lewis Mumford und Rudolf Bahro. Und ähnlich lässt sich das Fazit der in diesem Buch entwickelten Theorien zusammenfassen. Peter Mencke-Glückert, der mit den drei Autoren freundschaftlich verbundene Erstleser des Manuskriptes, brachte das Anliegen des Buches auf den kurzen Begriff der „nachhaltigen Liebe“.

10. Notwendigkeit, Liebe, Freiheit

Ausgelöst durch neurobiologische Experimente wird gegenwärtig in vielen Wissenschaften und Medien intensiv darüber diskutiert, ob der Mensch fähig zu freien, selbstbestimmten Entscheidungen ist. Dabei geht es um die auch für unsere Thematik bedeutsame Frage, ob menschliche Individuen aus eigener, bewusster Entscheidung, Freude und Verantwortung ihre gesellschaftlichen Gefühle und Lebensstile verändern können, oder ob sie letztlich nur Marionetten von hochkomplexen Hirnprozessen und deren biokulturellen Prägungen sind.

Einige Neurobiologen ziehen aufgrund von neueren Experimenten (Libet 2002) die Schlussfolgerung, dass das Freiheitsbewusstsein, welches sich handelnde Menschen zuschreiben, eine Illusion oder Selbsttäuschung ist. Entsprechende Denk- und Bewusstseinsprozesse seien nur ein handlungsbegleitendes, nicht – verursachendes Epiphänomen der hochkomplexen neuronalen Handlungsorganisation (Roth 2003; Singer 2004).

Philosophen, Physiker und andere wehren sich dagegen. Zum Beispiel mit dem Hinweis, dass diese Experimente nur isolierte und von außen veranlasste Teile menschlichen Handelns erforschten und daher keine Schlussfolgerungen über langfristigere Wert- und Handlungsentscheidungen zulassen.

Diesem Gegenargument können Neurobiologen entgegnen, dass auch langfristige Wertentscheidungen und Handlungsplanungen weniger durch bewusst werdende Gedanken als durch weitgehend unbewusste komplexe neuronale Prozesse verursacht sind. Im Gegenteil seien gerade grundlegende, alles Denken, Fühlen und Verhalten beeinflussende Bewertungs- und Abwägungsstrategien in hohem Maße von nicht bewusst werdenden Prägungen abhängig:

„Bewusste Entscheidungen basieren per definitionen auf Inhalten bewusster Wahrnehmungen und auf Erinnerungen, die im deklarativen Gedächtnis als explizites Wissen abgelegt wurden. Bei den Variablen bewusster Entscheidungen handelt es sich also vornehmlich um spät Erlerntes: Um ausformuliertes Kulturwissen, ethische Setzungen, Gesetze, Diskursregeln und verabredete Verhaltensnormen. Abwägungsstrategien, Bewertungen und implizite Wissensinhalte, die über genetische Vorgaben, frühkindliche Prägungen oder unbewusste Lernprozesse ins Gehirn gelangten und sich deshalb der Bewusstmachung entziehen, stehen somit nicht als Variablen für bewusste Entscheidungen zur Verfügung." (Singer 2004a)

Ein anderer Einwand gegen den neurobiologischen Determinismus geht davon aus, dass komplexe neurobiologische Handlungsursachen einerseits und im Rahmen kultureller Sprachformen reflektierte Handlungsgründe andererseits zwei nicht aufeinander reduzierbaren Weltzuständen angehören (Habermas 2004); ähnlich wie das Dilemma der Quantenmechanik, dass man nur entweder die Geschwindigkeit oder den Aufenthaltsort eines Teilchens bestimmen, jedoch nicht das eine aus dem anderen ableiten kann (Kasper 2004).

Dieses Argument der nicht aufeinander reduzierbaren Welten von neurobiologisch erfassbaren Handlungsursachen und kulturell bewussten Gründen ist nicht so leicht auflösbar. Es gibt jedoch auch keine wirklich befriedigende Antwort auf das Problem, ob die in der kulturellen Welt bewusst werdenden subjektiven Handlungsgründe nicht doch nur eine Art Begleitphänomen der überwiegend unbewussten hochkomplexen neurobiotischen Gesamtprozesse sind – und damit die Gedanken menschlicher Willens- und Handlungsfreiheit letztlich doch nur eine schöne Illusion sind. Neurobiologen konterkarieren diese kulturelle Hoffnung gern mit der Bemerkung, der Mensch könne zwar in bestimmtem

Maß denken und tun was er wolle, aber er könne nicht wollen was er will.

Es gibt jedoch noch eine dritte philosophische Antwort auf das Problem der Freiheit, die bereits in einer früheren Hochphase des Denkens formuliert und in der gegenwärtigen Diskussion bisher weder rekapituliert noch weiterentwickelt wurde. Diese Antwort steht nicht im Gegensatz zu den naturwissenschaftlichen Argumenten der komplexen neuronalen Bedingtheit allen Fühlens, Denkens und Handelns, sondern bezieht diese sogar mit ein.

Diese Antwort findet sich nicht bei Immanuel Kant. Mit der Feststellung, dass es so etwa wie die menschliche Freiheit doch offenbar gäbe und der Mensch sich daher von allen ihm nicht gemäßen Zuständen befreien kann, warf er vor ca. 250 Jahren das Thema der Freiheit in die Diskussion. Doch er fand noch keine wirkliche Antwort, warum dies so ist. Er verwies die menschliche Fähigkeit, scheinbaren Sachzwängen durch freie innere Entscheidungen auszuweichen und so neue Kausalketten in Gang zu setzen, in eine naturwissenschaftlich nicht erfassbare „intelligible" Welt (Kant 1781). War dieser Kantsche Gedanke noch eine gewisse „Flucht der Abstraktion" (Hegel, siehe unten), so eröffnete er jedoch eine produktive Freiheitsdiskussion, der insbesondere J.G.Fichte neue, in die Richtung einer wirklichen Lösung weisende Argumente hinzufügte (Fichte 1798, 1806 u.a.). Eine diese Freiheitsdiskussion damals vollendende, und noch den neuen neurobiologischen Erkenntnissen durchaus gerecht werdende Antwort findet sich dann bei G.W.F.Hegel (1843: 313):

„Das Denken der Notwendigkeit ist ... die Auflösung jener Härte; denn es ist das Zusammengehen Seiner im Anderen mit sich selbst, – die Befreiung, welche nicht die Flucht der Abstraktion ist, sondern in dem andern Wirklichen, mit dem das Wirkliche durch die Macht der Notwendigkeit zusammengebunden ist, sich nicht als anderes, sondern sein eigenes Seyn und Setzen zu haben. Als für

sich existierend heißt diese Befreiung Ich, als zu ihrer Totalität entfaltet freier Geist, als Empfindung Liebe, als Genuss Seligkeit."

Dieser integrative Hegelsche Gedanke wurde später oft dahingehend verkürzt, dass Freiheit letztlich nichts anderes sei als „Einsicht in die Notwendigkeit". Diese Verkürzungen blenden jedoch ein entscheidendes Moment der Hegelschen Integration aus: Die „Auflösung jener Härte" einer nur eindimensional oder instrumentell gedachten Notwendigkeit, die sich durch das Gefühl der Liebe, durch dieses das Ich-Sein erweiternde und von Beschränkungen befreiende „Zusammengehen Seiner im Anderen mit sich selbst" ergibt.

Da dieser scheinbar kleine Unterschied Welten ausmacht und verändert, sei er noch einmal verdeutlicht:

Der erste Fall einer physischen Notwendigkeit ohne das Existenzial der Liebe ergibt eine Welt, in der sich der einzelne Mensch von anderen Menschen und Lebewesen isoliert empfindet. Mehr noch, er empfindet sich oft sogar durch diese anderen eingeschränkt, d.h. auch in der Freiheit des eigenen Handelns behindert.

Im anderen Fall, wenn eine physische Notwendigkeit in das Existenzial von Liebe eingebettet ist, ergibt sich eine ganz andere Welt. Darin empfindet sich der einzelne nicht von anderen Menschen, Lebewesen und Dingen isoliert, sondern mit diesen mehr oder weniger verbunden. So fühlt er sich durch diese Anderen auch nicht in seiner Entfaltungs- und Handlungsfreiheit beschränkt, sondern oft sogar erweitert, da deren Fähigkeiten und Talente seine eigenen oft gut ergänzen.

Inwiefern steht dieser Hegelsche Gedanke im Einklang mit den neueren neurobiologischen Erkenntnissen? Um dies zu verstehen, sind nicht nur die in der bisherigen aktuellen Freiheitsdiskussion dominierenden Libet-Experimente, sondern auch andere neurobiologische Forschungen zu beachten, die dem Libet-Ergebnis und dessen deterministischen Interpretationen nicht widersprechen, dieses jedoch konstruktiv erweitern.

Als entscheidendes Moment bei der widersprüchlichen Interpretation des Hegelschen Gedankens zum Zusammenhang von Notwendigkeit und Freiheit erwies sich das Gefühl der Liebe. Inzwischen gibt es experimentelle neurobiologische Erkenntnisse, welche nicht nur die für frühkindliches Lernen existenzielle Bedeutung der Liebe, sondern auch deren befreiende Wirkung erklären. Da diese bisher vorwiegend in den USA vollzogenen Forschungen im deutschen Sprach- und Wissenschaftsraum bisher wenig bekannt sind, seien sie im folgenden kurz zusammengefasst. Sie betreffen und verändern insbesondere einige bisher kaum hinterfragte Auffassungen von der allein gestaltenden Natur und Funktion des menschlichen Gehirns.

Die Psychosomatik (z.B. „Herzklopfen“ bei Angst- oder Liebeserfahrungen etc.) zeigt, dass das Herz auf sensorische und emotionale Signale reagiert, obwohl es autonom innerviert ist und sich weitgehend selbst anregt und steuert (diese relative Autonomie des Sinusknotens ist eine Voraussetzung für Herztransplantationen). Umgekehrt beeinflussen der neurophysiologische Zustand und die personelle Identität des Herzens, z.B. nach Transplantationen, auch das Bewusstsein des ganzen Menschen und dessen hirnzentriert/emotional/intellektuell bestimmte Herangehensweise an Probleme. Beides weist auf einen Konnex zwischen den Funktionen des Herzens und dem zentralen Nervensystem hin. Dieser Konnex beruht nur zum (geringen) Teil auf unmittelbaren Nervenverbindungen, hauptsächlich auf neurohormonellen Signalen (chemischen Botenstoffen).

Das von konkreten Gewohnheiten und Motiven gesteuerte individuelle Verhalten ist jedoch nicht an diese Fähigkeiten des Herzens gebunden. Der steuernde Intellekt kann unabhängig von der Signalverarbeitungsfähigkeit des Herzens funktionieren und deren subtilere Signale blockieren (Pearce 2004, 90ff.).

Eine weitere für die Fähigkeit zu Freiheit bedeutsame Erkenntnis betrifft die Entwicklung der komplexesten Hirnbereiche. Bisher ging man davon aus, dass sich die für späteres Verhalten entscheidenden zentralen Hirnstrukturen ausschließlich in den ersten Lebensmonaten und –jahren ausprägen. Dabei übersah man, dass sich im Alter zwischen 15 und 21 Jahren noch eine zweite, für späteres Verhalten ähnlich fundamentale, Strukturierung zentraler Hirnfunktionen vollzieht. In der frühen Phase werden fundamentale Wechselwirkungen zwischen den drei großen Hirnbereichen Hinterhirn, limbisches System und Neokortex ausgebildet. Diese drei Hirnbereiche verkörpern drei evolutionär nacheinander ausgebildete Verhaltensfunktionen: der erste Bereich die primären, emotional-instinktiven physischen Überlebensstrategien, der zweite die emotionalen Beziehungsformen und der dritte die mit Sprache, Erkenntnis und Sinn verbundenen kognitiven Gefühle.

In der Mitte der Adoleszenz vollzieht sich eine die Funktion dieser aller drei Hirnbereiche und damit das gesamte Verhaltens beeinflussende Entfaltung bzw. Retardation der so genannten Frontallappen. Dieser evolutionär am spätesten entstandene Hirnbereich galt lange Zeit als der „stille Bereich“, da dessen Funktion unbekannt war und dort keine spezifische Aktivität angezeigt wurde. „Spezifische Aktivität“ zeigen die Präfrontallappen zwar nicht im EEG von Gesunden wohl aber bei Erkrankungen, z.B. bei bestimmten Formen der Epilepsie. Dies führte um die Mitte des 20.Jahrhunderts zu Versuchen, schwere Verlaufsformen der Epilepsie durch chirurgische Zerstörung der Präfrontallappen („Lobotomie“) zu behandeln. Später stellte sich aber heraus, dass das Ergebnis vielfach zugleich eine Totalzerstörung der menschlichen Persönlichkeit war (Valenstein 1986). Diese katastrophale Folge belegt, dass nicht jede in unserem Sinne relevante Hirnfunktion mit allen klassischen oder modernen neurodiagnostischen Verfahren erkennbar sein muss.

Aufgrund der inzwischen entdeckten besonderen Funktionen der Frontallappen werden diese auch als das vierte evolutionäre Hirnsystem bezeichnet (McLean 1990). Die Entwicklung der Frontallappen findet in zwei Phasen statt. Das primäre präfrontale Wachstum geschieht bald nach der Geburt bis zum Ende des ersten Lebensjahres. In dieser Zeit, noch bevor das Kind auf den eigenen Beinen stehen kann, bildet sich auch eine für alle höheren Erkenntnis-, Sprach- und Beziehungsfunktionen entscheidende Kopplung zwischen den Frontallappen und den früheren Hirnbereichen, die Orbitofrontalschleife aus. Die Ausbildung dieser Orbitofrontalverbindung und damit das gesamte Welt-, Beziehungs- und Selbstgefühl, die geistige Einstellung und Fähigkeit zur Impulskontrolle des Kindes und späteren Erwachsenen hängen stark von der gefühlvoll-emotionalen Geborgenheit ab, die dem Säugling in dieser sensiblen Zeit von seinen Fürsorgepersonen zuteil wird (Schore 1996, Hüther 2003).

Der sekundäre Wachstumsschub der Frontallappen beginnt im Alter von 15 Jahren, wenn alle anderen Teile des Gehirns sich bereits myelinisieren und stabilisieren, und ist erst mit 21 Jahren abgeschlossen. Es gibt bisher wenig Forschungsarbeiten zu dieser Entwicklungsphase (Pearce 2004, 75), diese deuten jedoch darauf hin, dass sich je nach der Qualität von Liebes-, Erkenntnis- und Sinngefühlen im unmittelbaren Umfeld des Heranwachsenden in dieser Zeit ganz besondere menschliche Fähigkeiten entwickeln oder nicht entwickeln: Fähigkeiten zur inneren geistigen Integration und Transzendenz aller früheren, vor allem selbstbezogenen Handlungsimpulse; höhere Gefühlsfähigkeiten wie Einsicht, Freundlichkeit, Mitgefühl und Lebenssinn. Die bei Adoleszenten besonders intensive Sehnsucht und Suche nach Liebe und Lebenssinn scheint ein Ausdruck davon zu sein, dass sich in dieser Phase solche Gefühlsstrukturen ausbilden „wollen". In gesellschaftlichen Lern- und Lebensumgebungen, in der diese spezifische, höhere Gefühls-Entwicklungsphase nicht berücksichtigt und die jungen Menschen nur mit Intellektanforderungen konfrontiert werden, geschieht die Entfaltung dieser komplexesten Humanpotentiale nur zufällig und ausnahmsweise. Es gibt mit moderner Computertomographietechnik gemachte Aufnahmen dieser Frontallappen, die auf fast erschreckende Weise zeigen, wie sehr sich die Entwicklung dieser höchsten Hirnbereiche unterscheiden kann. Bei liebevoll und anregend aufwachsenden Jugendlichen sind sie voll ausgebildet, bei in asozialen oder verschiedensten Notverhältnissen aufwachsenden Jugendlichen fehlen ganze Areale dieser für menschliches Verhalten wichtigsten Hirnregion (Pearce 2004, 74ff.).

Der Neurobiologe Umberto Maturana zog daraus in seinen Ausführungen über „Liebe und Spiel, die vergessenen Grundlagen des Menschseins" die bereits oben zitierte Schlussfolgerung, dass die gegenwärtig dominanten westlichen Gesellschaftsformen nur in technischer, nicht jedoch in menschlicher Hinsicht einen geschichtlichen Höhepunkt verkörpern:

„Unsere gegenwärtigen Schwierigkeiten bestehen nicht, weil wir nicht über ausreichendes Wissen verfügen oder weil es uns an technischen Fähigkeiten mangelt; unsere gegenwärtigen Schwierigkeiten sind das Ergebnis eines Mangels an Sensitivität ..., eines Verlustes, den wir erleiden durch unser Eingebundensein in die Konversationen der Inbesitznahme, der Macht, der Kontrolle über das Leben und über die Natur, die unsere patriarchale Kultur bestimmen." (Maturana et al. 1994: 21ff., näher zur biologischen Evolution der Liebe siehe auch Maturana et.al. 1996)

Aus diesen und anderen neurobiologischen Erkenntnissen ergeben sich interessante Parallelen zur Hegelschen Lösung des Problems der Freiheit.

Durch die dritte evolutionäre Hirnregion, den Neokortex und dessen sprachlogisch operierenden Intellekt, vollzieht sich eine innere Begleitung und Abwägung von gegenwärtigen Situationen, Bedürfnissen und Motiven mit vergangenen Erfahrungen und zukünftigen Erwartungen. Daraus erwächst die Illusion, diese Gedanken seien Ursache ihrer selbst und damit des eigenen Willens und Handelns. Die Funktion dieser Hirnbereiche wird jedoch in starkem Maße durch das limbische System, d.h. durch die emotionalen Steuerungen, beeinflusst. Diese sind wiederum in hohem Maße bedingt durch die gesellschaftliche Prägungen und Kodierung der zentralen Emotionen bzw. Existenziale (siehe dazu oben 3.).

„Wie auch immer das Resultat rationalen Abwägens lauten mag, es unterliegt der Letztentscheidung des limbischen Systems, denn es muss emotional akzeptabel sein ... . Es sind, anders als die Alltagspsychologie es sieht, nicht logische Argumente als solche, die uns zu vernünftigem Handeln antreiben, sondern die Vorstellungen der hiermit verbundenen Konsequenzen, die uns positiv oder negativ erscheinen." (Roth 2003: 526f.)

Der Hirnforscher Gerhard Roth formuliert damit eine allgemeine neurobiologische Erkenntnis. Er trifft jedoch keine Unterscheidung der verschiedenen Emotionen und ihrer sehr verschieden wirkenden Selbststeuerungskomplexität und -qualität.

Die evolutionär früheren Basisemotionen von Physis, Sexus und Macht organisieren sich primär in den evolutionär früheren Hirnregionen, im Hinterhirn und limbischen System. Die evolutionär späteren Gefühlskomplexe (Liebe, Erkenntnis, Sinn), die an die ausgebildeten Frontallappen sowie Herz-Hirn-Kopplungen gebunden sind, können jedoch alle früheren Hirnfunktionen integrieren. Das heißt, die Funktion und Wirkung aller basalen Emotionen hängt stark davon ab, inwieweit sie von entfalteten

Frontallappenfunktionen, d.h. von Gefühlen wie Liebe, Sinn, Vertrauen etc. durchdrungen sind.

Diese durch neuere Erkenntnisse mögliche neurobiologische Übersetzung des höheren Gefühls ist ungewohnt, daher fassen wie sie noch einmal konkreter:

Wie alle menschlichen Emotionen und Gefühle vermittelt sich auch Liebe, „das Zusammengehen Seiner im Anderen mit sich selbst", durch neuronale Vernetzungen. Der dabei stattfindende „Informationsaustausch" zwischen dem eigenen Organismus bzw. psychischen Ich und Anderen (Menschen, Lebewesen oder auch Dingen) wird weniger als rationaler Bewusstseinsinhalt, denn als intuitives, freiheitserweiterndes Gefühl empfunden. Durch diese das Ich mit Anderen frei verbindenden Gefühlsmuster realisiert sich ein potenziell universeller Informations- und Entwicklungszusammenhang, der in traditionellen Kulturen als „Gott", „Tao", „Allah" oder ähnliches bezeichnet wurde.

Nicht nur diese zentralen Begriffe, sondern vor allem der dadurch symbolisierte und organisierte starke Gefühlszusammenhang spielte in allen großen und kulturprägenden Religionen eine entscheidende Rolle: Die Assoziation universeller Sinnbezüge wie Tao, Gott, Buddha, Allah etc. mit intensiven Qualitäten von Mitgefühl bzw. Liebe befähigte die „Gläubigen" oder „Wissenden" dazu, sich sowohl von egozentrischen Impulsen als auch von geltenden, doch lieblosen sozialen Normen und Erwartungen zu befreien und im Sinn einer Liebe zu handeln, die weit über nur natürlich-familiäre Mitgefühlsimpulse hinaus geht.

Dass dabei immer wieder auch ideologische Missbräuche, d.h. die Funktionalisierung von Liebes- und Sinngefühlen für verschiedenste Machtinteressen oder unfreie Fanatismen geschahen, setzt den ursprünglichen Wirkungszusammenhang nicht außer Kraft. Es zeigt jedoch noch einmal die Stärke des anthropogenen

Gegenspielers von Liebe: des Existenzials der Macht (konkreter zu diesem Zusammenhang siehe oben unter 4.)

Die Vorsicht moderner Menschen und Wissenschaften gegenüber mythisch-religiösen Welterklärungen ist daher verständlich. Ein anderes, nicht weniger gefährliches Problem der Gegenwart und Zukunft erwächst jedoch, wenn dabei das „Kind mit dem Bade ausgeschüttet", d.h. die für menschliches Denken und Handeln in vieler Hinsicht entscheidenden Liebes- und Sinnexistenziale aus der Wissenschaft, und damit aus dem Selbstverständnis moderner Gesellschaften ausgeblendet werden. Es käme vielmehr darauf an, diese verbindenden und befreienden Gefühle „mit allen Mitteln wissenschaftlicher Kunst zu erforschen" (Hüther 2003: 61).

Durch einen Vergleich des integrativen Hegelschen Freiheitsbegriffs mit modernsten neurobiologischen Erkenntnissen ergab sich, dass die aktuelle Diskussion über Willens- und Handlungsfreiheit bzw. deren vermeintliche Auflösung in neurobiologischen Determinismen ein falsches, so gar nicht existentes Dilemma aufstellt. Der Begriff und das Gefühl von Freiheit steht nicht im Gegensatz zur hochkomplexen und nur teilweise bewusst werdenden biogenetischen und gesellschaftlichen Bedingtheit allen Denkens, Fühlens und Handelns. Die subjektive Wahr-nehmung von Freiheit entsteht nicht durch eine scheinbare, gar willkürliche Beliebigkeit des Ich, nur das zu denken, zu tun und zu wollen, was es gerade will. Diese Auffassung hat nur insofern mit Freiheit zu tun, als sowohl die Empfindung von Freiheit als auch die scheinbar willkürliche Beliebigkeit ein gemeinsames Gegenteil haben: Die Empfindung einer Einschränkung des eigenen Tuns durch Andere Menschen, Lebewesen und Dinge.

Wirkliches Freiheitsgefühl entsteht, wenn Ich mich nicht gegen und durch Andere isoliert und eingeschränkt, sondern durch das

Zusammengehen Meiner im Anderen in meinen Lebens- und Handlungsmöglichkeiten erweitert empfinde.

In beiden Fällen – sowohl im Gefühl des Gezwungen- oder Eingeschränktseins durch als nichtverbunden empfundene Andere, als auch im Gefühl des liebevollen Erweitertseins durch mit sich selbst intensiv verbunden empfundene Andere – werden das Denken und Handeln des Ich durch hochkomplexe, nur teilweise bewusst werdende neurobiologische Prozesse determiniert.

Die Identität von Freiheit mit Notwendigkeit und Liebe bedeutet nicht, dass damit das individuelle Handeln in jeder Hinsicht deterministisch vorgeprägt und alles subjektive Denken und Entscheiden nur eine bloße Illusion sind. Die ungeheure Komplexität des im menschlichen Handeln integrierten Zusammenhangs von ererbten neurophysiologischen Besonderheiten, individueller Lebenserfahrung, gesellschaftlicher Situation und natürlicher Umwelt lässt keine derartige schicksalhafte Vorbestimmung zu. Der amerikanische Pragmatismus konnte daher feststellen, dass menschliches Handeln in jedem Moment von einer relativen Offenheit und Kreativität gekennzeichnet ist (Joas 1992).

Freiheit hat so in gewisser Weise zwei Akzente: Zum einen das Gefühl der Freiheit im Resonanzraum aktiver Liebe. Zum anderen das Gefühl der Freiheit für Spontanität, was sich gegen unnötige Einschränkung durch Machtstrukturen wehrt. Beide Akzente haben einen gemeinsamen Grund: Individuelles Denken und Handeln im unendlich weiten Freiheitsraum liebevoller Verbundenheit unterliegt in jedem Moment so komplexen inneren und äußeren Einflussfeldern, dass die sich daraus letztlich ergebende konkrete Handlung immer erst im Hier und Jetzt entsteht. Die im Gefühl von Liebe, Verstehen, Erkenntnis und Sinn mit universelleren, nicht nur egozentrierten, Notwendigkeiten übereinstimmende individuelle Freiheit steht also keineswegs im Gegensatz, sondern in Übereinstimmung mit der Spontanität und Kreativität des konkreten Fühlens, Denkens und Handelns.

Diese Interpretation des Gefühls von Freiheit – als durch liebevolle Verbundenheit entstehender weiter Spielraum für kreatives und sinnerfülltes Handeln – lässt sich mit neurobiologischen Hypothesen über die komplexe Selbstorganisation bewusst werdender bzw. unbewusst bleibender Entscheidungsprozesse vereinbaren:

In neuronalen Prozessen werden in jedem Moment riesige Informationsmengen aus früheren Prägungen und Erfahrungen, aus innerorganismischen Zuständen, sowie aus unbelebten, belebten und sozialen Umwelten verarbeitet. Diese Informationsverarbeitungen geschehen nicht zentral, sondern dezentral in vielfältigen, sich zum Teil überlagernden, ergänzenden oder auch konkurrierenden Erregungsmustern. Aus diesen dynamischen Zuständen von Nervennetzen ergibt sich für konkret zu lösende Probleme bzw. auszulösende Handlungen letztlich jeweils eine weitgehend kohärente (bzw. im reflektiven Bewusstsein zumindest kohärent gedachte) Lösung, eine „Entscheidung“ (Singer 2004a).

Diese sowohl vielseitigeren als auch kohärenteren, damit oft auch stärkeren Erregungsmuster werden als Gefühl von größerer Freiheit und Lebendigkeit erlebt.

Aus der hier rekapitulierten neurobiologischen und philosophischen Diskussion ergibt sich als Fazit ein Gedanke, der für sozialökologische Theorien und für praktische nachhaltige Innovationen moderner Gesellschaft bedeutsam ist:

Durch hochkomplexe Wechselwirkungen Seiner Selbst mit Anderen

„hat der Mensch Anteil an der höchsten Intelligenz ... die Liebe heißt, ... einer Verfassung, die selbstgewiss und herzoffen genug ist, um in gefühlter Resonanz mit allem übrigen Leben sein zu können“, und damit „die Freiheit, sich aus einer kulturellen Sackgasse

zurückzuziehen und ein neues Muster zu stiften." (Bahro 1990: 243ff; Bahro 1998, 85).

Die sozialkognitive Gefühlsfähigkeit, einen Artgenossen als ebenso intentional handelndes Anderes Wesen zu verstehen, ist die vielleicht entscheidende evolutionäre Errungenschaft, die homo sapiens sapiens von seinen nächsten Verwandten trennt und zur kulturellen Entwicklung befähigt (Tomasello 2002: 110).

Die Entfaltung dieser besonderen Fähigkeit kann man auch als noch immer andauernde und vielleicht erst am Beginn der menschlichen Potenziale dazu stehende „Evolution der Liebe" betrachten (Hüther 2003). Es ist eine menschliche, geschichtliche und zugleich universelle Entwicklung, deren Sinn sich aus sich selbst ergibt. Solovev, einer der philosophischen Visionäre im Umfeld von Dostojewski und Tolstoi, beschrieb dies wie folgt:

„Das Gefühl der Liebe ist an sich bloß ein Antrieb, der uns eingibt, dass wir die Ganzheit des menschlichen Wesens wiederherstellen können und sollen … . Diese Hoffnungen werden solange nicht in Erfüllung gehen, bis wir bereit sind, alles das vollkommen anzuerkennen und zu verwirklichen, was die wahre Liebe verlangt. Wahre Liebe ist jene, die nicht nur im subjektiven Gefühl die unbedingte Bedeutung der menschlichen Individualität in einem anderen und in sich bejaht, sondern die diese Bedeutung auch in der Wirklichkeit rechtfertigt und unser Leben mit Sinn erfüllt." (Solovev 1985: 13ff.).

Ähnlich formulierte es Mitte des 20. Jahrhunderts Teilhard de Chardin in seinem um die Welt gehenden Buch vom Menschen:

„Gewöhnlich befassen wir uns nur mit der gefühlsmäßigen Seite der Liebe: mit den Freuden und Leiden, die sie uns verursacht (und welches Raffinement wurde auf ihre Analyse verwendet!). Hier jedoch muss ich sie in ihrer natürlichen Dynamik und in ihrer Bedeutung für die Evolution studieren, um die letzten Phasen des Phänomens Mensch zu erklären … .

Mit Schmerz und Sorge stellen wir fest, dass die modernen Versuche, menschliche Kollektivitäten zu schaffen, entgegen aller theoretischen Voraussicht und allen unseren Erwartungen, nur zur Erniedrigung und Knechtung der Gewissen führte … . Solange das Kollektiv die Person absorbiert oder zu absorbieren scheint, tötet es die Liebe vor ihrer Geburt … .

Selbst bei der höchsten Leistung unserer Intelligenz, dem Aufbau der Wissenschaft (zumindest solange sie rein forschend und abstrakt bleibt) vollzieht sich der Zusammenschluss unserer Seelen nur indirekt und gewissermaßen unfrei. Ein noch oberflächlicher Kontakt – und daher Gefahr einer neuen Abhängigkeit. Nur die Liebe vermag durch die Vereinigung die Wesen als solche zu vollenden – das ist eine Tatsache der alltäglichen Erfahrung; nur sie erfasst und vereint ja die Wesen im Tiefsten ihrer selbst … . Warum sollte sich nicht eines Tages in Erddimensionen wiederholen, was sie täglich in verkleinertem Maßstab ausführt?

Die Menschheit; der Geist der Erde; die Synthese der Inidividuen und der Völker; die paradoxe Versöhnung zwischen dem Element und dem All, der Einheit und der Menge: damit sich diese Dinge, die man als utopisch bezeichnet und die dennoch eine biologische Notwendigkeit haben, in der Welt verwirklichen, genügt nicht die vielleicht die Vorstellung, unsere Liebeskraft könnte sich entwickeln, bis sie schließlich die Gesamtheit der Menschen und der Erde umschlingt"? (Chardin 2005: 271ff.).

Dieser von Solovev und Chardin philosophisch-romantisch formulierte Gedanke lässt sich auch wissenschaftlich fassen: Als „Liebe" bezeichneten wir dasjenige Basisgefühl und Existenzial der biokulturellen Matrix, welches im Unterschied zu Emotionen der physischen Überlebensangst, des Sexus und der Macht die menschliche Wahrnehmung und Aktivität nicht beschränkt, sondern durch Einfühlung in Andere(s) befreit und erweitert. Über die emotionale Identifikation hinaus entsteht erst dadurch auch das freie Potenzial zur Erkenntnis, Erfindung und Entwicklung neuer Techniken, Wirtschaftsformen und gesellschaftlichen Institutionen, die sowohl effektiver, als auch ökologischer und sozialer als bisherige dazu in der Lage sind, komplexe Wechselwirkungen mit möglichst vielen Anderen zu erhalten und zu befördern (Hosang 2000).

Mit der Erkenntnis dieser subtilen Grundlagen menschlicher Freiheitsfähigkeit schließt sich der Argumentationskreis zum Zusammenhang zwischen gesellschaftlichen Gefühlen und nachhaltigen Innovationen. Vieles davon konnte in diesem Buch nur skizziert werden. Neben den aufgedeckten theoretischen Integrationsmöglichkeiten zwischen natur-, sozial- und humanwissenschaftlichen Begriffen kam es uns besonders darauf an, zu zeigen, dass die entscheidenden Potenziale zukunftsfähiger Innovationen moderner Wirtschaften und Gesellschaften letztlich in deren eigenen, biokulturellen, bzw. menschlichen Grundlagen schlummern. Dass insofern der Wandel zu einer ökologischeren Wirtschaft und Gesellschaft die freiere Entfaltung zentraler menschlicher Gefühlskräfte nicht aus-, sondern vielmehr einschließt.

Danksagung

Die zentralen Gedanken dieses Buch ergaben sich in intensiven, tabufreien und sehr interdisziplinären Symposien, welche die drei Autoren miteinander und unter gelegentlicher Teilnahme weiterer Kolleginnen und Kollegen aus nah und fern regelmäßig durchführen. Den örtlichen Rahmen dafür verdanken wird dem Internationalen Hochschulinstitut Zittau und dem Institut für integrierte Sozialökologie Hochkirch.

Wenn auch der Text vor allem der sozialphilosophischen Feder des erstgenannten Autors entstammt, so wäre er undenkbar ohne die kritisch-konkretisierenden naturwissenschaftlichen Ergänzungen der beiden anderen.

Neben allen, deren Gedanken wir für dieses Buch aufnehmen und verbinden konnten, danken wir insbesondere denen, die durch persönliche Anregung, Ermutigung, kritischen Einwand und Förderung zur Entwicklung der Gedanken beitrugen. Dabei hervorheben möchten wir Christiane Busch-Lüty, die Nestorin deutscher Nachhaltigkeitsforschung, die das Projekt in einer schwierigen Situation unterstützte. Ähnlich danken wir Rosemarie Konschak vom Internationalen Hochschulinstitut Zittau, Isolde Roch vom Dresdner Institut für ökologische Raumentwicklung, Gesche Krause vom Zentrum für Tropenökologie an der Universität Kiel, der Ethnologin und Philosophin Christina Kessler, sowie Angelika Willms-Herget, Bernd Fischer und Monika Wächter von den Fördergremien des BMBF.

Desweiteren trugen die Ermutigungen, Kritiken und Hinweise durch Egon Becker vom Frankfurter Institut für Sozialökologische Forschung, Karl-Werner Brand vom Münchener Institut für Sozialforschung, Bernhard Glaeser von der Deutschen Gesellschaft für Humanökologie, Simone Wünschmann und weitere Kollegen vom IHI Zittau, durch den Bonner Sozialphilosophen Johannes Heinrichs, den kalifornischen Marcuse-Schüler

Glenn Parton, den Wiener Verhaltensforscher Rupert Riedl, den Berliner Umweltpsychologen Peter Schmuck, den Kasseler Umweltsystemforscher Karl-Heinz Simon, den kanadischen Soziologen Friedrich Sixel und den schweizer Humanökologen Dieter Steiner, den Berliner Wissenschaftsphilosophen und Humanontogenetiker Karl-Friedrich Wessel, die Berliner Philosophiehistoriker Gerd Irrlitz und Michael Wende, sowie die Unternehmer und Managementberater Andreas Mascha, Andreas Nöhrig und Stefan Tomek, wesentlich zum Gedeihen der Sache bei.

Ein besonderer Dank gebührt Rudolf Bahro und Peter Mencke-Glückert. Der Erstgenannte gab als leider zu früh verstorbener Lehrer dem Autor Maik Hosang wesentliche Impulse zum Verfolgen dieser Spuren eines menschlichen Gefühls der Nachhaltigkeit. Er war einer jener theoretisch-praktischen Innovatoren, die trotz vielfacher Widerstände und Rückschläge nicht aufgeben ihren tieferen Gefühlen zu folgen, gegen die sich etablierte Gesellschaften verwehren, ohne die sie sich aber nicht wandeln und weiterentwickeln können. Wir freuen uns, dieses Buch auch aus Anlass seines 70. Geburtstag präsentieren zu können. In gewisser Weise ist es die theoretische Untersetzung und Integration von Gedankenansätzen, die sich bereits in seinen Werken finden, zu deren Aufarbeitung Bahro selbst noch das Umfeld fehlte.

Auch der Zweitgenannte ist einer der Pioniere von Umweltforschung und Umweltpolitik und bereits seit Jahrzehnten mit ungebrochenen Mut engagiert für die theoretische und praktische Entwicklung einer zukunftsfähigen Welt. Wir verdanken ihm den Schlüsselbegriff der „nachhaltigen Liebe“

Ein außergewöhnlicher Dank gilt dem Arzt und Maler Helmut P. Jansen, dessen Mandalakunstwerk „Lebensfreude“ die Titelseite schmückt.

Ebenso besonderer Dank gebührt dem oekom-Verlag, insbesondere dessen Lektorin Katja Holzer, die eine sympathische, unkomplizierte und zügige Realisierung des Titels ermöglichte, Ines Swoboda für die liebevolle Covergestaltung, sowie Andrea Aumiller von der Agentur A2 für die geduldige Satzvorbereitung.

Autoren und Künstler

Maik Hosang (PD Dr. phil. sozök. habil.)
Geb. 1961 in Bautzen; Studium der Philosophie und Nebenstudien in Soziologie und Anthropologie an der Humboldt-Universität zu Berlin; 1990 Promotion zu „Der Mensch in den Evolutionsschichten der Selbstorganisation"; 1990-1997 Assistent Rudolf Bahros am Institut für Sozialökologie der HU Berlin; 1999 Habilitation über „Transdisziplinäre Begriffe für eine nachhaltige Entwicklung"; Entwicklung des EXPO-2000 Projektes Lebensgut Pommritz – Modell einer sozial-ökologischen Landkultur, dort Leiter des Instituts für integrierte Sozialöklogie; z.Z. Projektleiter für Sozial-ökologische Forschung am Internationalen Hochschulinstitut Zittau; Wissenschaftlicher Koordinator des Rudolf-Bahro-Archivs an der HU Berlin; Arbeiten u.a. zur philosophischen Anthropologie, zur Evolutions- und Komplexitätstheorie und zur Sozialökologie. Vater von vier Kindern. Email: maik@hosang.com .

Stefan Fränzle (Dr. rer. nat.)
Geb. 1961 in Bonn; 1980-86 Studium der Chemie in Kiel, Diplomarbeit zur Koordinationschemie des Platinmetalls Osmium; 1988-92 Studium der Astronomie und Promotion über photochemische Umsetzungen von Komplexverbindungen; 1992-94 freie Forschungstätigkeit an der CAU Kiel in Fortführung der Promotionsthemas; 1994-2000 wissenschaftlicher Mitarbeiter am Umweltforschungszentrum Leipzig zu Themen nachhaltiger Regionalentwicklung; seit 2001 wissenschaftlicher Mitarbeiter am Internationalen Hochschulinstitut Zittau (Fachbereich Umweltverfahrenstechnik), Fachgruppenleiter Umweltanalytik und Habilitand. Tätigkeit in Basisgruppen wie dem „Gesprächskreis Wissenschaft und Frieden an der CAU Kiel"; seit 1993 verheiratet; zwei Kinder; Interessenschwerpunkte: Stabilität und Dynamik

biologischer Systeme, Nutzung und Transportpfade chemischer Elemente in Biosystemen, chemische, biologische und soziale Evolution. Email: fraenzle@ihi-zittau.de .

Bernd Markert (Univ.- Prof. Dr. rer. nat. habil.)
Geb.1958 in Meppen/Emsland; Studium der Biologie und Chemie an der Ludwig-Maximillian-Universität in München; Promotion 1986 an der Universität Osnabrück über „Multielementanalysen in kontrastierenden Ökosystemen"; 1993 Habilitation an der Universität Osnabrück über „Vertiefende Multielementanalysen von Pflanzenproben"; 1993 Ruf auf die C4-Professur und das Ordinariat für Umweltverfahrenstechnik an das Internationale Hochschulinstitut Zittau; 1994-2003 geschäftsführender Direktor des Internationalen Hochschulinstituts; Seit 1995 im Vorstand der Internationalen Ökologischen Vereinigung (INTECOL) und Mitglied verschiedenster nationaler und internationaler Gesellschaften; (Ko-) Autor und (Mit-) Herausgeber etlicher einschlägiger und mehrsprachiger Lehr- und Textbücher auf dem Gebiet der chemischen Umweltanalyse, der Human- und Ökotoxikologie, der (chemischen) Umweltverfahrenstechnik, und in neuerer Zeit der nachhaltigen Gesellschaftspolitik. Email: markert@ihi-zittau.de .

Helmut P. Jansen
Geb. 1949 in einer Künstlerfamilie. Studium der Psychologie und Medizin in Berlin und Bonn. Tätig als Arzt (Geburtshilfe und Psychosomatik) und als bildender Künstler. Die meisten der ca. 700 Originale befinden sich in öffentlichen und privaten Sammlungen. Das auf der Titelseite befindliche Mandalakunstwerk „Lebensfreude" und andere ähnliche Werke können als Farbdruck in Originalgröße bei ihm bezogen werden. Email: www.hpjansen.de .

Literatur

Amery, C. 1994. Botschaft des Jahrtausends. List. München.

Bahro, R. 1987 u. 1990. Logik der Rettung. Ein Versuch über die Grundlagen ökologischer Politik. Edition Weitbrecht. Stuttgart und Wien.

Bahro R. 1991. Konzeption eines Institutes für Sozialökologie. In: R. Bahro (Hg.) Rückkehr. Die In-Weltkrise. Horizonte-Verlag. Berlin/Frankfurt: 341-346.

Bahro, R. 1995 u. 1998. Geistige Voraussetzungen. In: Bahro, R. (Hg.) Apokalypse oder Geist einer neuen Zeit. Edition Ost. Berlin: 42-55.

Balzer, I. und M. Wächter (Hrsg.) 2002. Sozial-ökologische Forschung. oekom. München.

Baecker, D. 2004. Einleitung: Wozu Gefühle? In: Soziale Systeme 10. 2004/1: 5-20. Lucius. Stuttgart.

Bauer, J. 2005. Warum ich fühle was du fühlst. Hoffmann und Campe. Hamburg.

Beck, Ulrich, 1986. Risikogesellschaft. Auf dem Weg in eine andere Moderne. Suhrkamp. Frankfurt a.M.

Becker, E. und Jahn, T. 2003. Umrisse einer kritischen Theorie gesellschaftlicher Naturverhältnisse. http://www.isoe.de/ftp/darmstadt. pdf.

Bennis, W.G. 1997. Organizing Genius: the secret of creative collaboration. Boston.

Bergmann, F. 2004. Neue Arbeit – Neue Kultur. Arbor. Freiamt.

Beuys, J. 1995. Gedanken über Deutschland. FIU-Verlag. Wangen.

Biedenkopf, K. 1985. Die neue Sicht der Dinge. Plädoyer für eine freiheitliche Wirtschafts- und Sozialordnung. Piper. München.

Bischof, M. 1999. Biophotonen. Das Licht in unseren Zellen. Zweitausendundeins. Frankfurt.
BMBF. 2000. Rahmenkonzept Sozial-ökologische Forschung. Bonn.
Buber, M. 1985. Pfade in Utopia. Heidelberg.
Buber, M. 2005. Ich und Du. Verlagshaus. Gütersloh.

Cassirer, E. 2001/2002. Philosophie der symbolischen Formen 1-3. Meiner. Hamburg.
Chardin. T.de. 2005. Der Mensch im Kosmos. Beck. München.
Ciompi, L. 2004. Ein blinder Fleck bei Niklas Luhmann? Soziale Wirkungen von Emotionen aus der Sicht der fraktalen Affektlogik. In: Soziale Systeme 10. 2004/1: 21-49. Lucius. Stuttgart.
Combs, A. 1997. Radiance of Being: Complexity, Chaos, and the Evolution of Consciousness. Continuum International Publishing. Boston.
Csikszentmihalyi, M. 1995. Dem Sinn des Lebens eine Zukunft geben. Eine Psychologie für das 3. Jahrtausend. Klett-Cotta. Stuttgart.

Dahrendorf, R. 2003. Auf der Suche nach einer neuen Ordnung. Eine Politik der Freiheit für das 21. Jahrhundert. Beck. München.
Damasio, A.R. 2004. Ich fühle, also bin ich. List. München.
Damasio, R. 2005. Der Spinoza-Effekt. List. München.
Daschkeit, J. et al. 2002. Auswertung der Sondierungsstudien. In: I. Balzer und M. Wächter (Hg.) 2002: 551-570.
Darwin, Ch. 1884. Die Entstehung der Arten durch natürliche Zuchtwahl. Kröner. Leipzig.

Eder, K. 1980. Die Entstehung staatlich organisierter Gesellschaften. Surhkamp. Frankfurt.

Eibl-Eibesfeldt, I.v. 1984. Die Biologie des menschlichen Verhaltens. Piper. München.

Eigen, M. 1987. Das Urgen. Leopoldina-Verlag. Halle.

Elias, N. 1991. Über den Prozess der Zivilisation, Suhrkamp. Frankfurt.

Eurotopia-Netzwerk (Hg.). 2004. Eurotopia. Gemeinschaften und Ökodörfer in Europa. Peters Verlag, Poppau.

Feuerbach, L. 1843. Grundsätze der Philosophie der Zukunft. Zitiert nach: Weckwerth, C. 2002. Ludwig Feuerbach zur Einführung. Kapitel 5. Junius-Verlag. Hamburg.

Fichte, J.G. 1798. Über den Begriff der Wissenschaftslehre. Gabler. Jena und Leipzig.

Fichte, J.G. 1806. Die Anweisung zum seligen Leben. Berlin.

Fischer-Kowalski, M. et al. 1997. Gesellschaftlicher Stoffwechsel. Ein Versuch in Sozialer Ökologie. Fakultas. Amsterdam.

Fisher, H. 2005. Warum wir lieben. Walter. Düsseldorf.

Flam, H. 2002. Soziologie der Emotionen. UVK-UTB, Konstanz.

Foucault, M. 1976. Mikrophysik der Macht. Merve-Verlag. Berlin.

Frankl, V. 1986. Der Wille zum Sinn. Huber-Verlag. Bern.

Fränzle, S. 2003. Berufsbezogene Ethik lernen im Umfeld der Universität – aber wie? In: Markert, B., Konschak, R. (Hg.) 2003. Mögliche Wege zu einem gesellschaftlichen Ethik-Konsens. Lang. Frankfurt.

Fromm, E. 1981. Humanistische Planung, in: ders,. Gesamtausgabe, Bd. IX, dva. Stuttgart 1981, S. 35.

Galtung, J. 1991. Tiefstrukturen einiger abendländischer Zivilisationen. Ein Vergleich. In: Bahro, R. (Hg.) Rückkehr. Die In-Weltkrise. Horizonte. Berlin/Frankfurt: 263-284.

Gebser, J. 1973. Ursprung und Gegenwart. Fundamente und Manifestationen der aperspektivischen Welt. dtv. München.
Gege, M. 2004. Die Zukunftsanleihe. oekom. München.
Gerhards, J. 1988. Soziologie der Emotionen. Juventa. München.
Geyer, Chr. (Hg.) 2002. Hirnforschung und Willensfreiheit. Zur Deutung der neuesten Experimente. Suhrkamp. Frankfurt.
Giddens, A. 1997. Die Konstitution der Gesellschaft. Campus. Frankfurt/New York.
Glaeser, B., Teherani-Krönner, P. 1992. Humanökologie und Kulturökologie. Westdeutscher Verlag. Berlin.
Glaeser, B. (Hg.) 2005. Fachübergreifende Nachhaltigkeitsforschung. oekom. München.
Göttner-Abendroth, H. 1988ff. Das Matriarchat I-III. Kohlhammer. Stuttgart.
Goleman, D. 1997. Emotionale Intelligenz. dtv. München.
Grober, U. 1998. Ausstieg in die Zukunft. Links-Verlag. Berlin.
Guggenbühl, H. 2005. Wie Wachstum Naturkapital verschlingt – Am Beispiel des „Öko-Musterlandes" Schweiz. In: Natur und Kultur. Transdisziplinäre Zeitschrift für ökologische Nachhaltigkeit. 1/2005. Bad Mitterndorf.

Habermas, J. 1988. Theorie des kommunikativen Handels. Bd. II. Suhrkamp. Frankfurt.
Habermas, J. 2004. Freiheit und Determinismus. In: Deutsche Zeitschrift für Philosophie. 52-6: 871-890.
Hartmann, N. 1946. Neue Wege der Ontologie. Verlag ohne Angabe. Berlin.
Hauff, V. 2004. Werte für die Zukunft. Jahreskonferenz des Rates für Nachhaltige Entwicklung. www.nachhaltigkeitsrat.de/service/download/beitraege/2004/Rede_Hauff_Jahreskongress_11-11-04.pdf.

Hegel, G.W.F. 1984. Differenz des Fichteschen und Schellingschen Systems der Philosophie. Reclam. Leipzig.

Hegel, G.W.F. 1843. Enzyklopädie der philosophischen Wissenschaften im Grundrisse. Erster Teil, Vollständige Ausgabe, Duncker und Humblot. Berlin. § 159.

Heinrichs, J. 1997. Ökologik. Tiefenökologie als strukturelle Naturphilosophie. Lang. Frankfurt/Main

Heinrichs. J. 2005. Logik des Sozialen. Woraus Gesellschaft entsteht. Steno-Verlag. Berlin.

Hirsch Hadorn, G. 2000. Umwelt, Natur und Moral: Eine Kritik an Hans Jonas, Vittorio Hösle und Georg Picht. Alber. Freiburg.

Hölderlin, F. 1987. Hyperion. Reclam. Leipzig.

Honneth, A; Joas, H. 1980. Soziales Handeln und menschliche Natur. Suhrkamp. Frankfurt.

Honneth, A. 1992. Kampf um Anerkennung. Zur moralischen Grammatik sozialer Konflikte. Suhrkamp. Frankfurt/M.

Horkheimer, M. 1984. Traditionelle und kritische Theorie. Vier Aufsätze. Suhrkamp. Frankfurt/M.

Hosang, M. 2000. Kurze Theorie einer integralen Wissenschaft und Ethik oder: Die Logik der Liebe. In: Transpersonale Perspektiven. Fachzeitschrift der Deutschen Transpersonalen Gesellschaft. Vol. 6/2000.

Hosang, M. 2000/1. Der integrale Mensch. Transdisziplinäre Grundlagen einer nachhaltigen Entwicklung. Hinder & Deelmann. Berlin/Gladenbach.

Hosang, M. 2000/2. „Eine Ethik..." Einführung in Begriffe und Prozesse. In: Tomek, R.S.; Hosang, M. 2000/2. Ethik-Kodex 2000. D. Fischer. Frankfurt: 21-30.

Hosang, M. 2002. Vom tragischen Tun aus der Vereinzelung zum post-tragischen Tun aus dem Zusammenhang. In: Simonis,

E.U. (Hg.) 2002. Die Rousseau-Frage – ökologisch definiert. edition sigma. Berlin: 107-116.

Hosang, M. 2005. Emotionen und Existenziale zwischen Natur und Kultur. In: Glaeser, B. (Hg). Transdisziplinäre Nachhaltigkeitsforschung. oekom. München.

Hüther, G. 2003. Die Evolution der Liebe. Vandenhoeck. Göttingen.

Hüther, G. 2004. Die Macht der inneren Bilder. Vandenhoeck. Göttingen.

Jantsch, E. 1992. Die Selbstorganisation des Universums. Vom Urknall zum menschlichen Geist. Hanser. München/Wien.

Jahn, T., E. Sons und I. Stiess 2000. Bericht zur Genese des Förderschwerpunkts „Sozial-ökologische Forschung“ des BMBF. ISOE, Frankfurt.

Joas, H. 1992. Die Kreativität des Handelns. Suhrkamp. Frankfurt.

Joas, H. 1999. Die Entstehung der Werte. Suhrkamp. Frankfurt.

Jonas, H. 1979. Das Prinzip Verantwortung. Versuch einer Ethik für die technologische Zivilisation. Suhrkamp. Frankfurt.

Judith, A. 1996. Psychology and the Chakra System as a Path to the Self. Celestial Arts. London.

Jungk, R. 1993. Katalog der Hoffnung. 51 Modelle für die Zukunft. Luchterhand. Frankfurt.

Kant, I. 1781. Kritik der reinen Vernunft. Königsberg.

Kasper, U. 2004. Kann die Quantentheorie den Hirnforschern helfen, Probleme zu verstehen? In: Deutsche Zeitschrift für Philosophie. 52-6: 921-927.

Kaufmann-Hayoz, R. et al. 2001. A Typologie of Tools for Building Sustainability Stategies, In: Kaufmann-Hayoz, R., Gutscher, H. (Eds.), Changing Things – Moving People, Birkhäuser. Basel.

Kaufmann-Hayoz, R. et al. 2001. Suggestions for Designing Policy Strategies for Sustainable Development. In: Kaufmann-Hayoz, R., Gutscher, H. (Eds.), Changing Things – Moving People, Birkhäuser. Basel.

Kessler, C. 2002. amo ergo sum. Ich liebe, also bin ich. Arbor. Freiamt.

Kohlberg, L. 1995. Die Psychologie der Moralentwicklung. Suhrkamp. Frankfurt.

Kopfmüller, J. et.al. 2001. Nachhaltige Entwicklung integrativ betrachtet. edition sigma. Berlin.

Kohlberg, L. 1995. Die Psychologie der Moralentwicklung. Suhrkamp. Frankfurt.

Kopfmüller, J. et.al. 2001. Nachhaltige Entwicklung integrativ betrachtet. Edition sigma. Berlin.

Kroeber-Riel W. 1992. Konsumentenverhalten. Vahlen. München.

Krüger, H.-P. 1999. Zwischen Lachen und Weinen. Bd.1. Das Spektrum menschlicher Phänomene. Akademie-Verlag. Berlin.

Krüger, H.-P. 2001. Zwischen Lachen und Weinen. Bd.2. Der dritte Weg. Philosophischer Anthropologie und die Geschlechterfrage. Akademie-Verlag. Berlin

Krüger, H.-P. 2004. Das Hirn im Kontext exzentrischer Positionierungen. Zur philosophischen Herausforderung der neurobiologischen Forschung. In: Deutsche Zeitschrift für Philosophie. 2/2004. Akademie-Verlag. Berlin.

Küng, H. 1990. Projekt Weltethos. Piper. München.

Küstenmacher, W.T. und Seifert L. 2001. Simplify your life. Campus. Frankfurt.

Lacay, J. and Lacay, B. 1978. Two-Way Communication Between the Heart and the Brain: Significance of Time within the Cardiac Cycle. In: American Psychologist. Februar 1978: S. 99-113.

Laszlo, E. 1996 u. 2000. Das fünfte Feld. Materie, Geist und Leben. Bastei-Lübbe. Bergisch-Gladenbach.

Ledoux, J.E. 2001. Das Netz der Gefühle. dtv. München.

Libet, B. 2002. Haben wir einen freien Willen? In: Chr. Geyer (Hg.) 2002. Hirnforschung und Willensfreiheit. Zur Deutung der neuesten Experimente. Suhrkamp. Frankfurt.

Löhr, A. 2005. Macht und betriebswirtschaftliche Organisationstheorie – Rekonstruktion und Neuorientierung. Hampp-Verlag. München und Mering.

Loorbach, D. and Rotmans, J. 2004. Managing transitions for Sustainable Development. In: Wieczorek, A.J., Olsthoorn X. (Eds.) Industrial Transformation – Disciplinary approaches towards transformation research. Kluwer, The Netherlands. Forthcoming. Siehe auch www.drift.eur.nl.

Luhmann, N. 1988. Soziale Systeme. Suhrkamp. Frankfurt.

Luhmann, N. 1990. Ökologische Kommunikation. VS Verlag für Sozialwissenschaften. Opladen.

Lucas, R.J. et al. 1999. Science. 284: 505f.

Macy, J. 1989. Die Wiederentdeckung der sinnlichen Erde. Theseus. Berlin.

Malinowski, B. 1930. Das Geschlechtsleben der Wilden. Liebe / Ehe und Familienformen bei den Eingeborenen der Trobriand-Inseln. Grethlein-Verlag. Leipzig und Zürich

Marcuse, H. 1969. Befreiung von der Überflussgesellschaft. In: Cooper, D. (Hg.) 1969. Dialektik der Befreiung. Hamburg.

Marcuse, H. 2002. Nachgelassene Schriften, Bd.3, Philosophie und Psychologie. Klampen. Springe.

Marinelli, Ralph et.al. 1995. The Heart Is Not a Pump: A Refutation of the Pressure Propulsion Premise of Heart Function. In: Frontier Perspectives. 5 (1).
Markert, B. und Konschak, R. (Hg.) 2003. Mögliche Wege zu einem gesellschaftlichen Ethik-Konsens. Lang. Frankfurt.
Markert, B., Fränzle, S., Hosang, M. 2005. Vorzeichenwechsel. Wie Gesellschaft sich verändern kann. Lang. Berlin.
Maslow, A. 1981. Motivation und Persönlichkeit. Rohwolt. Reinbek.
Maslow, A. 2000. Psychologie des Seins. Ein Entwurf. Fischer. Frankfurt.
Maturana, U. 1994. Matristische und patriarchale Konversationen. In: Maturana, U. und Zöller, G. Liebe und Spiel. Die vergessenen Grundlagen des Menschseins. Carl Auer Verlag. Heidelberg: 21-42.
Maturana, U. und Verden-Zöller, G. 1996. Biology of Love. In: Opp, G. und Peterander, F. (Hg.) Focus Heilpädagogik Projekt Zukunft. Ernst Reinhardt Verlag. München Basel: S. 120-128.
McLean, Paul. 1990. The Triune Brain in Evolution. New York. Plenum Press.
McLean, Paul. 1997. The Brain and the subjective Expierience: Question of Multilevel Role of Resonance. In: The Journal of Mind and Behavoir. 18 (2/3): S. 247-268.
McTaggert, Lynne. 2003. The Field. The Quest for the Secret Force of the Universe. Harper Collins . New York.
Meadows, D., Randers, J., Meadows, D. 2004. Limits to Growth. The 30-Year Update. Chelsea Green Publishing Company. Vermont.
Meier-Seethaler, C. 2001. Gefühl und Urteilskraft. Beck. München.

Meusberger, P./Schwan, Th. 2003. (Hg.) Humanökologie. Ansätze zur Überwindung der Natur-Kultur-Dichotomie. Franz Steiner Verlag. Wiesbaden.
Miegel, M. 2005. Epochenwende. Gewinnt der Westen die Zukunft? Propyläen. Berlin.
Moscovici, S. 1995. Versuch über die menschliche Geschichte der Natur. Suhrkamp. Frankfurt.
Mumford, L. 1987. Mythos der Maschine. Kultur, Technik und Macht. Suhrkamp. Frankfurt.

Neofiodow, L.A. 1996. Der sechste Kondratjeff. Wege zur Produktivität und Vollbeschäftigung im Zeitalter der Information. Rhein-Sieg Verlag. Sankt Augustin.
Nietzsche, F. 1967. Menschliches, Allzumenschliches. I, 23. Werke IV. Berlin – New York.

Pearce, Joseph Ch. 2004. Biologie der Transzendenz. Neurobiologische Grundlagen für die harmonische Entfaltung des Menschen. Arbor-Verlag. Freiamt.
Popp, A. 1984. Biologie des Lichts. Parey. Berlin.
Popper, K.R./J.C.Eccles. 1982. Das Ich und sein Gehirn. Piper. München.
Popper, K.R. 2003. Über Erkenntnis, In: ders., Auf der Suche nach einer besseren Welt, Piper. München.

Raskin, P. et al. 2003. Great Transition – Umbrüche und Übergänge auf dem Weg zu einer planetarischen Gesellschaft. Materialien Soziale Ökologie (MSÖ) 20. Frankfurt.
Riedl, R. 1985. Die Spaltung des Weltbildes. Parey. Berlin/Hamburg.
Riedl, R. und M. Delpos 1996. Die Ursachen des Wachstums. Kremayr & Scheriau. Wien.
Roth, G. 2003. Fühlen, Denken, Handeln. Suhrkamp. Frankfurt.

Sauer-Sachtleben, M. (Hg.) 1999. Kooperation mit der Evolution: das kreative Zusammenwirken von Mensch und Kosmos. Diederichs. München.
Scheler, M. 1954ff. Der Formalismus in der Ethik und die materiale Wertethik. Gesammelte Werke. Bd. 2. Bern und München.
Scheler, M. 1995. Die Stellung des Menschen im Kosmos. Bouvier. Bonn.
Schleske, W. 2003. Logik des Herzens. Werte für eine zukunftsfähige Weltgesellschaft. oekom-Verlag. München.
Schore, Allan N. 1996. The Experience-Dependent Maturation of a Regulatory System in the Orbital Prefontal Cortex and the Origin of Developmental Psychopathology. In: Development and Psychopathology. 8: S.55-87.
Schmuck, P. and Sheldon, K. 2001. Life goals and well-being: To the frontiers of life goal research. In P. Schmuck & K. Sheldon (Eds.), Life goals and well-being. Lengerich. Pabst.
Schmuck, P. (Ed.). 2002. Psychology of Sustainable Development. Kluwer Academic Publishers. New York.
Schumpeter J. 1997. Theorie der wirtschaftlichen Entwicklung. Duncker & Humblot. Berlin.
Serbser, W. (Hg.) 2004. Humanökologie. Ursprünge – Trends – Zukünfte. oekom. München.
Serbser, W. et al. 2005. Land – Natur – Konsum. oekom. München.
Servan-Schreiber, D. 2005. Die neue Medizin der Emotionen. RM Medien. München.
Sheldrake, R. 1998. Das Gedächtnis der Natur. Scherz. München.
Simmel, G. 1999. Soziologie. Untersuchungen über die Formen der Vergesellschaftung. Gesamtausgabe Band II. Suhrkamp. Frankfurt.

Simon, K-H. et. al. 2003. Gemeinschaftliche Lebens- und Wirtschaftsweisen und ihre Umweltrelevanz. Realisierung lokaler und regionaler Veränderungspotentiale. www.usf.uni-kassel.de/glww.

Singer, W. 2002. Entscheidungsgrundlagen: Keiner kann anders als er ist. In: Geyer, C. (Hg.) Hirnforschung und Willensfreiheit. Zur Deutung der neuesten Experimente, Suhrkamp. Frankfurt: 30-65.

Singer, W. 2004b. Selbsterfahrung und neurobiologische Fremdbeschreibung. Zwei konfliktträchtige Erkenntnisquellen. In: DZPhil., Berlin. 52/2004: 235-255.

Sixel, W. S. 2001. Nature in Our Culture. University Press of America. Oxford/New York.

Smith, A.1976. An Inquiry into the Nature and Causes of the Wealth of Nations. The Glasgow Edition Of The Works And Correspondences Of Adam Smith. Vol. 2. edited by R.H. Campbell and A.S. Skinner. Oxford University Press. Oxford.

Sohr, S. 1997. Oekologisches Gewissen – Eine Patchwork-Studie mit Kindern und Jugendlichen. http://archiv.tu-chemnitz.de/pub/1997/ 0035 .

Solovev, W.S. 1985. Der Sinn der Liebe. Meiner. Hamburg.

Spinoza, B. 1987. Ethik. Reclam. Leipzig.

Spinoza, B. 1988. Politischer Traktat. Reclam. Leipzig.

Sri Aurobindo. 1986. Das Abenteuer des Denkens. Patmos. Düsseldorf.

Stampf, O. 2005. Die Kraft der Schwächlinge. Die Suche der Astrophysiker nach der dunklen Materie. In: Der Spiegel. 23/2005.

Steiner, D. 1992. Auf dem Weg zu einer allgemeinen Humanökologie. In: B. Glaeser und P. Teherani-Krönner (Hrsg.) Humanökologie und Kulturökologie. Westdeutscher Verlag. Berlin: 191-220.

Steiner, D. 1993. Human Ecology as Transdisciplinary Science, and Science as Part of Human Ecology. In: D. Steiner and H. Nauser (eds.) Human Ecology, Fragments of Anti-fragmentary Views of the World. Routledge. London/New York: 47-76.

Steiner, D. (2003) Humanökologie. Von hart zu weich. Mit Spurensuche bei Peter Weichhart. In: Meusberger, P./Schwan, Th. (2003)(Hg.) Humanökologie. Ansätze zur Überwindung der Natur-Kultur-Dichotomie. Franz Steiner Verlag. Wiesbaden: 45-80.

Stephan, A. und Walter, H. 2004. Natur und Theorie der Emotion. Mentis. Paderborn.

Taylor, C. 1994. Quellen des Selbst. Die Entstehung der neuzeitlichen Identität. Suhrkamp. Frankfurt.

Theißen, G. 1977. Die Soziologie der Jesusbewegung. Kaiser. München.

Tomasello, M. 2002. Die kulturelle Entwicklung des menschlichen Denken. Suhrkamp. Frankfurt.

Traue, H.C. und Kessler, H. 2004. Psychologische Emotionskonzepte. In: Stephen, A. et al. Natur und Theorie der Emotion. Mentis. Paderborn.

Valenstein, E.S. 1986. Great and Desperate Cures: The Rise and Decline of Psychosurgery and Other Radical Treatments for Mental Illness. Basic Books.

Veblen, T. 1899. The Theory of the Leisure Class. www.prometheusonline.de/heureka/wirtschaftswissenschaften/klassiker/veblen/.

Verbeek, B. 1998. Die Anthropologie der Umweltzerstörung. Die Evolution und der Schatten der Zukunft. Primus-Verlag. Darmstadt.

Wackernagel, M. und Rees, W. 2002. Unser ökologischer Fußabdruck. Birkhäuser. Basel.

Waldrop, M.M. 1993. Inseln im Chaos. Die Erforschung komplexer Systeme. Rohwolt. Reinbek.

Weber, M. 1988. Gesammelte Aufsätze zur Wissenschaftslehre. Mohr. Tübingen.

Weber, M. 1996. Der Geist des Kapitalismus und die protestantische Ethik. Beltz. Weinheim.

Weckwerth, C. 2002. Ludwig Feuerbach zur Einführung. Junius-Verlag.

Wilber, K. 2000. Integral Psychology. Shambhala. Boston/London.

Wilson, E. O. 2000. Die Einheit des Wissens. Goldmann. München.

Wittgenstein, L. Tractatus Logico-Philosophicus. Satz 6.52.

Wünschmann, S./ Fränzle, S./ Markert, B. 2004. Transfer von Elementen in die Muttermilch. Methoden, Modellierungen, Empfehlungen. Ecomed-Medizin Verlagsgesellschaft, Landsberg.